Terapia Familiar de Terceira Ordem

Terapia Familiar de Terceira Ordem

Do amor indignado ao diálogo solidário

Raúl Medina Centeno

DIRETOR
Alcebino Santana

COORDENAÇÃO EDITORIAL
Tiago Rabello

REVISÃO TÉCNICA
Helena Centeno Hintz

TRADUÇÃO
Débora Andreza Zacharias

CAPA
Artesã / Walkiria P. Campos

PROJETO GRÁFICO E DIAGRAMAÇÃO
Rodrigo Fagundes

Catalogação na publicação
Elaborada por Bibliotecária Janaina Ramos – CRB-8/9166

C397t

Medina, Raúl

Terapia familiar de terceira ordem: do amor indignado ao diálogo solidário / Raúl Medina Centeno; Tradução de Débora Andreza Zacharias; Prólogo de Helena Centeno Hintz. – Belo Horizonte: Artesã, 2024.

Título original: La terapia familiar de tercer orden: del amor indignado al diálogo solidario

240 p.; 16 X 23 cm

ISBN 978-85-7074-123-3

1. Terapia familiar. 2. Psicoterapia. 3. Saúde mental. I. Centeno, Raúl Medina. II. Zacharias, Débora Andreza (Tradução). III. Hintz, Helena Centeno (Prólogo). IV. Título.

CDD 616.89156

IMPRESSO NO BRASIL
Printed in Brazil

(31)2511-2040 (31)99403-2227
www.artesaeditora.com.br
Rua Rio Pomba 455, Carlos Prates – Cep: 30720-290 | Belo Horizonte – MG
/artesaeditora

Não ceda, não baixe o tom, não tente tornar mais lógico, não molde sua alma de acordo com a moda. Ou seja, siga implacavelmente suas obsessões mais intensas.

Franz Kafka

Esta publicação é dedicada àqueles que resistem diante do mal-estar e dos estilos de vida que geram maus-tratos, violência e exclusão. E que comparecem à terapia para juntos encontrarem saídas mais humanas e dignas para sua existência.

Prólogo

Raúl Medina nos brinda com um livro em que apresenta uma riqueza de ideias, reflexões e conceitos sob um novo olhar sobre os meandros dos caminhos da terapia familiar. As questões e situações, que Medina compartilha em seu livro, são embasadas em citações de vários autores que as complementam, tornando mais acessíveis os conceitos complexos que expõe.

Raúl apresenta a terapia familiar de terceira ordem em uma construção integrada de contextos estruturais, socioeconômicos e culturais que fundamentam o viver e interferem diretamente na saúde do indivíduo e em suas relações. Ela está sedimentada sobre uma cultura sociológica, política e filosófica. Medina propõe uma revisão crítica sobre as crenças que ao longo da vida vamos construindo e, frequentemente, não avaliamos mais profundamente para que posição elas nos conduzem.

Através de sua narrativa, integra o pensar sistêmico com uma teoria sociocultural, onde se vislumbra questões de poder, gênero, emoções. Seu olhar transcende o individual e o relacional ao propor a terapia familiar crítica de terceira ordem correlacionando os problemas de ordem estrutural com o mal-estar pessoal. Assim, integra a compreensão dos conflitos pessoais ou relacionais a uma percepção social e também política e convida terapeutas e clientes em terapia a se envolverem com os aspectos mais opressivos ou disfuncionais em que vivem e que influenciam os sofrimentos individuais ou relacionais.

De uma forma poética e de grande sensibilidade, o autor escreve sobre o que entende por amor, o amor indignado, que leva indivíduos e famílias a buscarem uma compreensão e um diálogo solidário, a fim de desenvolver uma consciência de cuidado de si mesmo, assim como o respeito tanto por si como pelo outro. O diálogo solidário possibilita experimentar novos modos de vida e de relações mais saudáveis, permitindo à família viver de forma amorosa, recuperando a capacidade de dialogar, o amor, a honestidade crítica, o cuidado e o respeito mútuo. No refazer a relação, terapeuta e o cliente estão juntos nesta reconstrução fortalecida e então resistente aos contextos que anteriormente maltratavam e excluíam.

Medina escreve que a sintomatologia ou o mal-estar pessoal são consequências da falta de diálogo solidário familiar e/ou comunitário, ocasionando padrões de maltrato ou de exclusão que prejudicam a saúde dos indivíduos.

A ideia é que em um contexto clínico se busque a causa do porquê a família ou a comunidade impossibilitou esse diálogo solidário e, consequentemente, provocou seu maltrato. Refere que Bateson, em 1991, propôs o pensamento de terceira ordem ao se referir aos sistemas não familiares que provocam o mal-estar, tais como a pobreza, a injustiça, a marginalização, entre outros. Ao se mencionar mudança de terceira ordem, busca-se uma mudança qualitativa dentro de um paradigma ecológico. Neste sentido é que o terapeuta deve privilegiar o aspecto social, humano, político e ético, a fim de apoiar o reencontro e restaurar o diálogo solidário e crítico familiar.

Nessa abordagem, o indivíduo é visto em relação à estrutura social, e suas ações de rebelião são entendidas como respostas a essa estrutura. Segundo Raúl, somente quando o indivíduo rompe com os apegos e hábitos do passado, é que consegue viver, através de uma atenção ampliada, novas possibilidades e experiências. O foco não está apenas no indivíduo, mas também na restauração de dinâmicas familiares baseadas em valores de solidariedade, consciência crítica e poder saudável.

Medina, ao concluir, ressalta a função do terapeuta como bastante participativa, refletindo junto com o cliente sobre os sistemas que compõem o seu micromundo para ajudá-lo a restabelecer seu bem-estar. "*O objetivo final é que a família restaure o diálogo crítico e se empodere em seu bem-estar*".

Helena Centeno Hintz
DOMUS – Centro de Terapia Individual, Casal e Família
Sócia-fundadora

Sumário

Introdução

Todas as terapias contêm, de maneira implícita ou explícita, um repertório de crenças a partir das quais se organizam e dão sentido ao seu trabalho clínico. A terapia familiar crítica de terceira ordem não é, de forma alguma, a exceção. Aqui partimos da crença de que a sintomatologia ou o mal-estar pessoal é uma resposta à falta de diálogo solidário familiar e comunitário, e por isso são gerados padrões de abuso e exclusão que impactam a psique e o corpo das pessoas. Diante disso, o exame clínico enfatiza o quê e o porquê dessa família ou comunidade ter sido levada a romper o diálogo. De forma geral, esta publicação visa navegar pelos padrões que se conectam e pelo significado simbólico do desencontro familiar e comunitário que leva ao mal-estar familiar. Para isso, enfatizamos o papel que os sistemas de sistemas, a estrutura, representam nesse desencontro e mal-estar.

O fantasma do movimento antipsiquiátrico retorna

Desta vez, a velha dicotomia entre o micro e o macro reaparece no campo clínico. Colocar a sintomatologia psicológica como patologia estrutural no centro da nossa visão implica um grande desafio paradigmático, não apenas onde tal vínculo é reconhecido, mas, sobretudo, onde se trabalhe clinicamente com essa consciência dos sistemas de sistemas.

A princípio, deve-se reconhecer que existem antecedentes de uma psicoterapia que faz ver que o mal-estar pessoal é de natureza estrutural: o movimento antipsiquiátrico dos anos 1960, promovido por Basaglia (1980), Laing (1992), Laing e Cooper (1973), Laing e Esterson (1980), Szasz (1982), Berlinguer (1977), Bastide (2005) e muitos outros.

Eles não se referiam apenas à responsabilidade estrutural no mal-estar pessoal, mas também o denunciavam, sobretudo na forma com a qual a psiquiatria biologicista tratava a sintomatologia. Por exemplo, Basaglia (1980) mencionava que, sob toda a doença psíquica, existe um conflito social. Sobre isso, Bastide (2005) — em texto de 1965 — menciona que "o louco" é a expressão da má consciência de uma sociedade que nega certos valores e necessidades fundamentais das pessoas.

Berlinguer (1977), por sua vez, aponta que:

> [...] não é possível separar o corpo da psique, e esta das condições socioemocionais nas quais interage. E é a violência entre homens e mulheres que causa danos ao corpo — cérebro-psique — que está dentro de um marco socioeconômico e político de referência, que classifica e impõe as regras das relações. A neurose do indivíduo é o paroxismo de um conflito coletivo [...] a neurose de um indivíduo é sempre [...] o sintoma de uma doença da sociedade. (p. 24).

E conclui: qualquer mal-estar psíquico tratado como uma enfermidade biológica, em que aparecem medicamentos e psicoterapias mágicas, que culpabilizam o corpo e o indivíduo, nunca permitirá que seja vista a dimensão ética, moral e social do mal-estar pessoal.

Atualmente, o fantasma do movimento antipsiquiátrico confirma suas conjecturas sobre a loucura. Sobre essa questão, Botwin (2019) menciona que a maior parte do sofrimento psíquico advém do sistema socioeconômico. O problema de tudo isso está em quando acreditamos que devemos corrigir algo em nossa personalidade, transformá-la em um problema e substituí-la por mecanismos mais adaptativos para o sistema.

> O tratamento do mal-estar, fruto dos ritmos vitais, da precariedade econômica, acaba patologizando e medicalizando. Os usuários e usuárias de serviços de saúde mental não param de aumentar e a ingestão massiva de medicamentos parece uma epidemia. Os laboratórios esfregam as mãos, e aqueles que lucram com o sofrimento — como a autoajuda — também. Existem medicamentos para tudo, para dormir depois do estresse de uma demissão ou das incertezas da vida, e medicamentos para aguentar jornadas intermináveis. Antidepressivos para sair da cama e ansiolíticos para voltar a ela. (Botwin, 2019).

Sabe-se hoje que um dos grandes erros históricos foi ter situado ontológica e epistemologicamente o mal-estar psicológico na biologia dos indivíduos, como se fosse uma patologia médica. É por esse motivo que as políticas públicas de saúde se concentram em intervir no corpo e na psique como variáveis independentes do contexto em que coexistem (Foucault, 1986).

Pensamento de terceira ordem na terapia familiar

Gregory Bateson (1991) foi novamente quem inspirou o modelo de terceira ordem, razão pela qual seu trabalho continua a ser uma fonte inesgotável de inspiração para a terapia familiar. O foco da terapia familiar de terceira ordem é conscientizar sobre os sistemas de sistemas que organizam estilos de vida que interferem na saúde (McDowel, Knudson-Martin & Bermudez, 2019).

Em especial, são analisadas duas dimensões estruturais: os materiais institucionais e as mitologias culturais. Os primeiros estão presentes por meio da injustiça causada pela falta de direitos universais, pela pobreza, pelas precárias políticas de bem-estar e pelos abusos institucionais, aspectos estruturais externos à pessoa e à família que levam à marginalização e exclusão social. Em suma, é a zona estrutural da preocupação diária da família, que eclipsa qualquer necessidade e sonho pessoal.

Por outro lado, os fatores estruturais de tipo sociocultural, diferentemente dos primeiros, não são externos à identidade e à família. Estão enraizados em seus padrões relacionais — provavelmente há gerações —, e por isso têm enorme poder na construção de microrrealidades. São narrativas tácitas da verdade praticadas diariamente. Têm poder regulador, não são negociadas e são tidas como garantidas. As visões de reconhecimento mútuo e algumas necessidades manifestam-se a partir dessa contextualização. Em outras palavras, os sistemas de sistemas estão arraigados no conhecimento intersubjetivo, gerando identidades a seu modo. Por exemplo, na cultura patriarcal, assume-se que as necessidades dos homens têm prioridade sobre as necessidades das mulheres, gerando um estilo de vida em que são assumidos papeis, hierarquias, relações de poder, sentimentos, mandatos morais e identitários. Com isso pode-se dizer que existe uma desconfirmação estrutural de gênero.

Em suma, esta publicação se aprofunda em uma teoria sociocultural da mente humana, do poder, das emoções e da família, um conjunto de conceitos dos quais emergem o amor indignado, o diálogo solidário, a honestidade crítica e a família de escolha como os eixos a partir dos quais é tecida a trama desta proposta clínica.

Uma proposta integrativa: sistêmica-sociossimbólica

Este texto tem como proposta integrar dois modelos de explicação do comportamento humano. De um lado, temos o modelo sistêmico-ecológico, que estuda os padrões que conectam as pessoas e os sistemas, focando em reconhecer as consequências dessa interação mais do que suas causas.

Do outro, temos uma teoria psicossocial focada nas causas dessa interação, especialmente no significado social que as pessoas constroem e dão aos seus comportamentos. Esses modelos são complementares, pois concordam que é nos contextos que se constituem tanto as diretrizes quanto o significado. Corsi (2006) nos convida a construir uma psicoterapia integrativa multidimensional, a qual enfatiza a superação de falsas dicotomias do pensamento tradicional e propõe assumir uma posição aberta, flexível e, sobretudo, criativa. A partir dessas posições, é apresentado um modelo integrativo. Diante ao que foi exposto, esta publicação está organizada em torno dos seguintes temas:

A natureza ecológica da biologia e da identidade

Uma psicoterapia integrativa é um desafio que implica uma complexidade que deve ser tecida com cuidado e clareza. É necessário não apenas estabelecer uma relação lógica de aprendizagem e mudanças, como proposto por Bateson (1991) e Watzlawick, Weakland, e Fish (1976), mas, além disso, uma teoria social da biologia e da "mente" que outorgue fundamento científico ao vínculo entre a identidade e a psicopatologia com as condições estruturais. Nas terapias familiares de enfoque narrativo, White e Epston (1993), Anderson (1999), Andersen (1994), Seikkula e Olson (2003); Seikkula e Arnkil (2016), Ramos, (2001a) e outros integram magistralmente o simbolismo em padrões a partir da narrativa, do diálogo, da conversação etc. No entanto, nenhum deles propõe uma teoria social da biologia e do psiquismo que fundamente esta qualidade e ligação, uma vez que a tomam como certa. O que fizeram foi substituir o objeto de estudo de um padrão relacional triangular pelos usos da linguagem. Aqui apresentamos os fundamentos de uma teoria social da biologia e da identidade.

Emoções e poder, os eixos do mal-estar ou bem-estar pessoal

Isso conduz a outros temas fundamentais para tecer uma psicoterapia com enfoque social-sistêmico. Especialmente as emoções e o poder como dois eixos substanciais que estão implícitos no comportamento humano e se vinculam ao sistema. Partimos da crença que, em todas as manifestações de mal-estar ou bem-estar pessoal estão implícitas alguma forma de poder e as emoções. Nesta publicação, esses aspectos serão vistos com profundidade para redefinir a emoção e o poder como variedades coletivas e não individuais.

A dignidade como consciência social e postura para o diálogo terapêutico

Para que as pessoas que buscam terapia não se percebam como vítimas do destino ou do azar, devem experimentar o mal-estar não como algo natural ou privado, mas como um problema de ordem sociocultural. Esta consciência de terceira ordem leva à indignação, a um sentimento que leva a pessoa a fazer algo para enfrentar a injustiça que os familiares produzem cotidianamente (Santiago, 2018). É por isso que a indignação se converte em um recurso psicoterápico.

A partir desse enfoque, trata-se como pessoa a quem busca terapia e não como depositário de um sintoma ou conduta atípica. Essa posição do terapeuta permitirá a existência de um diálogo terapêutico aberto, sem preconceitos e interferências emocionais. Por isso o respeito ao cliente por parte da equipe terapêutica se converte em um recurso para a construção de uma aliança terapêutica.

O amor indignado como recurso para a reorganização familiar

Depois de contextualizar simbolicamente o mal-estar e os maus-tratos familiares, no trabalho clínico se apela ao amor indignado, a fim de desenraizar a resistência que se expressa através do sintoma. Reconhecer no outro que também está preso e sofrendo permite uma aproximação emocional, reconhecendo-o também como uma pessoa digna. Esse sentimento compartilhado abre novamente a oportunidade de diálogo. Trata-se de passar do estado de tristeza, medo, desespero, raiva, brigas, reclamações, maus-tratos e do desejo de vingança — sintomas — para a solidariedade, o respeito e o amor ao próximo e por si mesmo, e, com isso, caminhar juntos rumo à resistência.

"Amor indignado" é uma categoria político-emocional que estimula o diálogo solidário entre os membros da família, com a finalidade de recuperar a reflexão crítica, para que seus membros enfrentem juntos as vicissitudes e os desafios estruturais externos, e aqueles autoimpostos, que vivenciam juntos.

A partir daqui passamos para outros temas cruciais para a psicoterapia aqui defendida: o diálogo solidário e sua condição crítica.

Diálogo como objeto de estudo

O diálogo é o objeto de estudo e intervenção para a terapia familiar de terceira ordem. A partir dessa perspectiva, considera-se o diálogo de natureza transversal, pois perpassa toda a atividade biopsicosocial, não apenas da pessoa, mas de todos os outros e dos contextos particulares onde ocorre. Ou seja, não se trata de um ato puramente linguístico; é, sobretudo, uma matriz onde se inserem o poder, a emocionalidade, os sentidos, a corporeidade, as biografias de quem dialoga, sua imaginação, ilusões e esperanças. Por isso, o diálogo é conceituado como um cenário simbólico psicossocial complexo, que torna visível a interseccionalidade do mal-estar.

Diálogo solidário

Para que o diálogo tenha potência reparadora, é necessário que ele seja solidário. Um dos propósitos da terapia familiar de terceira ordem é trabalhar no sentido de restabelecer o diálogo solidário entre os membros da família, aquele que cuida e acompanha a partir de uma posição honesta e crítica. Uma vez restabelecido o diálogo solidário, eles mesmos — que procuraram a terapia —, gerarão novos acordos e recursos para avançar.

Diálogo solidário crítico

Na perspectiva que aqui defendemos, o diálogo, para que tenha um componente reflexivo e possibilite a inovação e a mudança, deve ser sempre crítico. Ou seja, a posição crítica diante de si e dos outros implica um meta-olhar epistêmico, no qual somos objeto de análise e avaliação. O diálogo solidário a partir de uma posição crítica pode parecer paradoxal, com a aceitação de pontos de encontro diversos, autocríticos e diferentes. O diálogo deve ter os dois ingredientes para que familiares cuidem uns dos outros diante dos embates duros e sedutores da estrutura. Ser crítico consigo mesmo e com os familiares permite que não se considere nada garantido e, assim, se possa repensar constantemente as crenças e regras que se impõem, avançando em direção ao consenso e à negociação aberta como modo de vida. E gerar a possibilidade de que a união e o cuidado mútuo sejam a prioridade ante a diversidade dos dilemas e desafios.

Honestidade crítica para uma psicoterapia profunda

Depois de visualizar os sistemas de sistemas, de reconhecer criticamente o que os levou a se dividir, separar e enfrentar, para se indignar coletivamente, a psicoterapia tem que encarar a pessoa, convidando-a para um diálogo honesto e crítico consigo mesma. O enfrentamento consigo mesmo facilitará que o diálogo familiar seja mais genuíno, honesto e emocionalmente próximo. É necessário invocá-lo em terapia para que seja feito um trabalho clínico aprofundado. Aprofundar a autorreflexão a partir da honestidade crítica é um processo doloroso, mas com resultados terapêuticos libertadores, pois a pessoa se verá na corresponsabilidade de seus atos e suas consequências. A honestidade crítica leva à rebelião contra si mesmo. Revelar quem somos, é aí que se percebe a influência estrutural da existência e daqueles agentes de poder que nos lembram, todos os dias, como deveríamos ser.

O penúltimo capítulo aborda em profundidade o tema da família, para repensá-lo e transformá-lo em recurso psicoterapêutico de terceira ordem.

Invocar a família de escolha como provocação à estrutura

Esta seção analisa a família como objeto de estudo nas ciências sociais, em particular a constituição histórica da família nuclear heterossexual legitimada pela sociologia funcionalista e suas implicações na construção da cultura patriarcal, no individualismo e na privatização das emoções. Por outro lado, a investigação pós-estruturalista analisa e reconhece as diversas formas familiares não tradicionais como resultado da revolução feminina. É dada importância especial aos estilos de família que surgem como parte da pobreza estrutural, para que se aprenda com elas. Ao final, analisamos uma forma de família reivindicada pela comunidade gay, chamada de "família de escolha", que tomamos como um recurso psicoterapêutico que repensa a família para além dos laços de parentesco, para ampliar o mundo da intimidade, do cuidado, do reconhecimento, do acompanhamento e dos afetos.

Esta proposta clínica foi integrada a partir de diversos textos previamente publicados em revistas científicas, juntamente com outros inéditos, que são enriquecidos com diversos casos clínicos e uma história biográfica. Reconheço que esta publicação é produto de um trabalho colaborativo, promovido por uma reflexão crítica sustentada. Vários desses textos estão em citações recorrentes que inspiraram a tecelagem desse modelo de psicoterapia. Bateson (1991) continua sendo fonte de inspiração, pois seus textos delineiam o que hoje é chamado de terapia familiar com pensamento de terceira ordem. Ackerman (1982), Minuchin, Colapinto e Minuchin (2000), Ramos (2015), Linares & Colapinto (2021) alertam para causas estruturais como a pobreza e o abuso institucional que impactam a família e geram mal-estar. Haley

(1985) explica que é necessário localizar o problema na unidade social em que ele aparece e convida o terapeuta a refletir criticamente sobre o papel que desempenha na sociedade. A escola de Milão introduziu as perguntas circulares como um método potente, que permite que a família se veja em contexto e como parte do problema e da solução. Vale destacar o trabalho de Walters, Carter, Papp e Silverstein (1991), que são as primeiras a incorporar criticamente a perspectiva de gênero na terapia familiar sistêmica, o que levou a repensar a família heterossexual tradicional, especialmente a prática da psicoterapia sistêmica com vieses patriarcais. Os narrativos, especialmente White e Epston (1993), introduzem a dimensão sociopolítica e narrativa para levar o problema para fora do indivíduo. Anderson e Goolishian (1990) dão importância fundamental à relação terapêutica, para tratar os clientes como pessoas sábias que podem colaborar ativamente na psicoterapia. Pelas mãos de Andersen (1994) e, posteriormente, com Seikula e Arnkil (2016), da Escola Nórdica, concentra-se a restauração da rede de apoio junto aos serviços de saúde por meio de um diálogo aberto para que a pessoa que sofre do sintoma seja autenticamente ouvida. Boscolo e Bertrando (1996) conciliam magistralmente o pensamento sistêmico com o socioconstrucionismo para acolher uma visão panóptica. Em particular, o trabalho de Sluzki (1998) foi de enorme importância e inspiração: ampliou o foco da análise do mal-estar individual para além da família para incorporar a rede social. O olhar de meu professor Linares (1996) nos convida a observar metodicamente a nutrição relacional dentro dos jogos triangulares familiares como eixo a partir do qual o desconforto ou o bem-estar se mostram e se tornam visíveis. Atualmente, Pakman (2020a) redefine o modelo ecológico a partir de uma abordagem sociopolítica que convida à criação de singularidades, que ele chama de poéticas, para dar lugar à redefinição de vínculos. Laso (2015, 2018), Laso e Canevaro (2022), propõem um modelo poderoso denominado "Terapia Experiencial Profunda" para que as pessoas honrem suas necessidades de amor e respeito como a contenção básica para enfrentar os problemas. O texto trará outros autores clínicos que influenciaram os argumentos centrais deste livro.

A terapia proposta aqui também se apoiou em vários filósofos e teóricos da sociedade. Remonta particularmente a Bakunin (1900), Bourdieu (1991, 1999, 2006), Foucault (1991), Habermas (1990), Bauman (2016), Freire (1971), Maturana (1997), Martín-Baró (1998), Gergen (1997,2005) Ahmed

(2012), Han (2016, 2017), Vygotsky (1987, 1989, 1991), Mead (1972), Harré (1982), Goffman (1981, 1995), Sennett (2012) e Bakhtin (1979a, 1979b).

Devemos deixar claro que as propostas de tais autores não são tomadas ao pé da letra, mas são apenas o ponto de partida conceitual para estruturar um sólido objeto de estudo que nos permita investigar e intervir no mal-estar psicológico, propósito que, frisamos, não tem sido fácil, acima de tudo, se for delineada uma psicoterapia que torne visível o poder estrutural explícito e tácito como parte do mal-estar familiar e individual.

Primeira parte

O contexto

Críticas aos modelos individualistas e neurocentristas

Capítulo 1

O diagnóstico global da saúde mental na sociedade neoliberal

O diagnóstico global da saúde mental na sociedade neoliberal

Os números da Organização Mundial da Saúde (texto on-line, 2019) — antes da grande pandemia do século XXI — são conclusivos: 970 milhões de pessoas em todo o mundo sofrem com algum tipo de transtorno psíquico. A depressão e a ansiedade são prevalentes, tendo aumentado mais de 40% nos últimos 30 anos. Esses são os dois sintomas da sociedade neoliberal.

Crítica à política pública de saúde mental orientada à biologia e ao individualismo desconexo

Atualmente, e há mais de cem anos, as políticas públicas de saúde mental têm apostado na medicação para combater o mal-estar psicológico. Esse modelo psiquiátrico, representado pelo DSM-5, considera o mal-estar psicológico uma doença médica, isso não acontece apenas para a loucura, como também para qualquer tipo de comportamento que rompa com as regras do "bem viver", como a birra recorrente de uma menina que não está acompanhada dos pais; a incapacidade de uma criança de ficar parada em sua mesa na sala de aula por horas, sem poder explorar; a rebelião de um adolescente contra a autoridade rígida de seus pais; os gritos e o desespero de uma mulher num contexto em que o marido constantemente a maltrata; a depressão de um jovem que não corresponde às expectativas dos pais; o sentimento de fracasso na vida da mulher por não ter filhos, não se casar ou se divorciar, etc. Tudo isso, e muito mais, está "cientificamente" tipificado como um problema neuronal, genético ou individual, em que o diagnóstico implica, implicitamente, a um medicamento que deve ser tomado.

Nesse sentido, González e Pérez (2007) apontam que a psicologia e a psiquiatria adotaram o modelo médico de diagnóstico e tratamento, e ambas as disciplinas concebem o transtorno mental como "um quadro de sintomas que respondem a um suposto mecanismo psicológico interno disfuncional, equivalente à condição biológica que o modelo médico da doença pressupõe" (p. 128). Não se nega que exista o sofrimento humano expresso através de sintomas psicológicos e biológicos. No entanto, questionam-se os fundamentos médicos que regem a psiquiatria biológica que diagnosticam e rotulam com precisão as psicopatologias. Ressalta-se que a condição neuro e genética são variáveis dependentes, e não independentes. Pérez (2012) enfatiza que:

> Embora o cérebro participe fornecendo os substratos e correlatos neurofisiológicos de toda a atividade humana, desde que esta envolva um organismo vivo que a realize, isso não significa que tal atividade seja inscrita, causada ou produzida pelo cérebro, por um suposto cérebro criador. (Pérez, 2012, p. 91).

Por sua vez, Wakefield (1992) alerta que o perigo de focar a atenção no nível biológico é que fatores ambientais, comportamentais e sociais decisivos muitas vezes passem despercebidos. Diante disso, a prática psiquiátrica ou neurológica concentra-se na escuta do Prozac, e não na pessoa e no contexto.

Isso gerou críticas abertas ao modelo neurocêntrico e individualista por parte das organizações públicas. Por exemplo, a OMS adverte que os sistemas de saúde mental centrados no diagnóstico e tratamento biomédico e individualista não têm sido eficazes e acrescenta que os fatores que geram mal-estar psicológico são a desigualdade, a pobreza, a injustiça e a discriminação social. Por isso recomenda que a soma desses fatores seja incluída em uma nova política pública de saúde mental (texto on-line, 2019).

Na mesma direção, em 2019, o Conselho Superior de Saúde belga desaconselhou a utilização das categorias DSM, não só por, até àquela data, terem sido ineficazes e aprofundassem o desconforto e a exclusão das pessoas diagnosticadas, mas também — e mais importante — porque a sua evidência científica estaria infestada de manipulação, com suspeitas de interferência por parte das empresas farmacêuticas. Em seu relatório, o conselho recomenda que uma pessoa que sofre com algum sintoma psicológico seja contextualizada em relação à sua biografia, desafios existenciais e funcionamento contextual interativo. Em outras palavras, propõe para o sistema de saúde uma psicologia clínica contextualizada, centrada na pessoa que busca ajuda (Superior Health Council, 2019).

Na mesma linha, Cirillo, Selvini e Sorrentino (2004), González e Pérez (2007), Pérez (2014) concluem que, após cem anos de pesquisas sobre políticas de saúde mental, foi demonstrado que o trabalho interdisciplinar individual, contextual e psicoterápico entre a psiquiatria, a psicoterapia familiar e comunitária têm mais sucesso no tratamento de sintomas psicológicos graves do que as terapias psicofarmacológicas ou individuais.

Diante desse panorama, pode-se concluir que o consumo de pílulas para parar de pensar e de sentir, de terapias reveladoras que buscam a felicidade individual são feitos sob medida para a sociedade neoliberal. Essa felicidade fictícia levou a um colapso psicossocial sem precedentes, em que a culpa, o fracasso, a desesperança e a impotência são os sentimentos mais recorrentes vividos hoje por milhares de pessoas.

Segunda parte

O paradigma

Pensamento de primeira, segunda e terceira ordem: aprendizagens e mudanças

Capítulo 2

A terapia familiar sistêmica

A terapia familiar sistêmica

A terapia familiar sistêmica surge em meados do século XX, reivindicando a natureza intersistêmica da mente. Inspirada no paradigma ecológico do antropólogo Gregory Bateson (1991), em sua publicação *Passos para uma ecologia da mente*, aponta que:

> [...] um cérebro não pensa por si mesmo. O que pensa é um cérebro dentro de uma pessoa que é parte de sistemas gerais que vivem em equilíbrio dentro de seu meio. Dessa forma, não é possível traçar uma linha, pois o que pensa é o circuito total. Em um ambiente de formas vivas, todos os elementos estão organizados em um sistema e os elementos agem e reagem uns sobre os outros de maneiras imprevisíveis, porque cada ação e reação muda continuamente a natureza do campo em que reside. (p. 53).

A partir desse modelo e dos ensinamentos deixados pela grande pandemia do século XXI (Medina, 2023), hoje se refuta, de forma contundente, as descrições e explicações da conduta humana centradas em atributos e características inerentes a ela a uma causa linear ou mesmo biológica.

Essa premissa ontológica direcionou os esforços de vários clínicos ao desenvolvimento de metodologias de intervenção sistêmica ante a sintomatologia psicológica. Depois de setenta anos, a terapia sistêmica evoluiu e atualmente existem diversas escolas e estilos de intervenção. Essa evolução é consequência de pesquisa e da complexidade sistêmica que enfrentamos. É o próprio Bateson (1991) que delineia três dimensões lógicas que vislumbram essa complexidade. Ele se refere à aprendizagem dos seres vivos, que distingue três formas de aprendizagem, classificando-as em igual número de tipos.

Aprendizagem I

A aprendizagem tipo I se refere à mudança da pessoa devido ao condicionamento: "o sujeito aprenderá rapidamente cada vez que for reforçado ao responder corretamente, [mas] tal aprendizagem desaparecerá se o reforço cessar" (Bateson, 1991, p. 317). Um reconhecimento imediato dado por um professor, por exemplo, diante da exclamação: "Muito bem, Carlinhos!". Também ao dar um ponto extra ou, ao contrário, aplicando um castigo. É uma aprendizagem básica que compartilhamos com o reino animal, ou seja, é um vínculo histórico filogenético, em que são necessários processos psicológicos básicos.

Aprendizagem II

A aprendizagem tipo II se refere:

> [...] ao contexto em que os reforços são dados, por exemplo, se o reforço for apenas ocasional, o sujeito aprenderá lentamente, mas a aprendizagem resultante não será facilmente extinta quando o reforço cessar completamente. Em outras palavras, o sujeito pode aprender (aprendizagem II) que o contexto é tal que a ausência de reforço não significa que sua resposta tenha sido errada ou equivocada. (Bateson, 1991, p. 323).

Por exemplo, Carlinhos entende que há momentos específicos em que pode ser recompensado e outros que não receberá reconhecimento, que são determinados atores em particular, não todos: "mesmo que todos toquem a campainha, não vai salivar com todos". Ele distingue quem tem mais poder, quem cria as regras de reconhecimento e que os professores apenas as aplicam, e nem todos com o mesmo estilo e intensidade. Compreenderá que sua pessoa faz parte desse contexto, no qual poderá agir, ajustando-se ou não às regras da escola. Ou seja, sua concepção do contexto é correta, até que o experimentador mude de tática.

Aprendizagem III

Na aprendizagem III:

> [...] premissas não examinadas são deixadas abertas a questionamentos e mudanças [...] [isto é] se a aprendizagem II é aprender a partir dos contextos da aprendizagem I, então a aprendizagem III tem de ser a aprender a partir dos contextos desses contextos. (Bateson, 1991, p. 333).

A escola se ajusta às políticas educacionais de acordo com sua filiação. Seja pública, jesuíta, salesiana, empresarial etc., vê a si mesma como parte do sistema de sistemas, e todos eles estão envolvidos numa sequência lógica. A política escolar define os tipos de reconhecimento se ajusta às leis, políticas e regulamentos regidos pela autoridade educacional.

Essa classificação de Bateson (1991) é retomada por um grupo de seus seguidores —que formam a Escola de Palo Alto —, particularmente por Watzlawick, Weakland e Fish (1976), que em sua publicação emblemática, *Cambio: Formación y solución de los problemas humanos* (*Mudança: Princípios de Formação e Resolução de Problemas*),[1] transferem essa classificação para o campo da psicoterapia familiar: de tipos de aprendizagem por tipos de mudanças.

Mudança de primeira ordem

Para Watzlawick, Weakland e Fish (1976), a mudança I enfoca padrões relacionais dos membros da família que geram certa instabilidade dentro dela, apesar dos constantes desafios e dos problemas que vivenciam. O sintoma é uma retroalimentação negativa que deve ser corrigido para que se retorne à normalidade anterior. As mudanças na família são puramente corretivas, mantendo-a igual, sem afetar as regras das relações ou a estrutura familiar. É uma espécie de aprendizagem linear, que tem por finalidade resolver desvios para devolver o equilíbrio anterior ao sistema familiar. Por exemplo, a depressão de um adolescente que tentou suicídio é interpretada como uma retroalimentação negativa que se organiza em um padrão relacional específico. A relação parental seria investigada, assim como a existência de maus-tratos recorrentes que esse jovem estivesse sofrendo. A terapia de primeira ordem estaria voltada para corrigir esse padrão e estabelecer uma aproximação mãe-filho(a) ou pai-filho(a). O objetivo é mudar os padrões de comunicação de maus-tratos que interferem na relação, no estado emocional e na biologia desse adolescente.

A esse respeito, Watzlawick, Weakland e Fish (1976) salientam que esse tipo de psicoterapia de mudança de primeira ordem não perturba relações de poder, privilégios, regras ou estrutura familiar, mas apenas o padrão, a percepção ou a biologia são corrigidos, para que o jovem e seu familiar restaurem seu equilíbrio original.

Mudança de segunda ordem

Watzlawick, Weakland e Fish (1976) apontam que a mudança de segunda ordem conceitualiza os sistemas — família — com uma necessidade de mudança-morfogênese, ou seja, os sistemas tendem à evolução, não

[1] Watzlawick, P., Weakland, J., & Fisch, R. (1977). *Mudança: princípios de formação e resolução de problemas*. São Paulo: Editora Cultrix.

ao equilíbrio. É a capacidade de um sistema de variar de maneira qualitativa, evoluindo para se adaptar aos desafios do meio ambiente; é o que Bateson denomina capacidade de aprender a aprender e capacidade de modificar a própria estrutura sem a destruir. As perturbações ao sistema — família —, os sintomas de um de seus membros ou o subsistema são considerados uma retroalimentação positiva que amplifica os desvios; implica um nível lógico superior: "compreender o compreender e aprender a aprender".

O sintoma de um adolescente com depressão é compreendido como uma retroalimentação positiva e comunica que "estão faltando mudanças em toda a família". Por exemplo, o diagnóstico sistêmico de segunda ordem para a depressão maior — de acordo com Linares e Campo (2016) — se expande para toda a família: está focado principalmente nas carências parentais, pais que não acompanham seus filhos e filhas no processo para se tornarem jovens adultos. As necessidades dos pais, expressas em "altas expectativas" têm uma importância maior e eclipsam as necessidades de seu filho (desconfirmação). Por isso dão mais importância à socialização, enviando os filhos a cursos e aulas particulares depois da escola ou imputando a eles um papel impossível de desempenhar. E se não cumprirem o que é esperado, seja reprovando na escola ou fracassando em alguma tarefa atribuída, o pai ou tutor encarregado do cuidado do adolescente o maltrata, desqualificando-o; e se o adolescente tenta explicar, não é ouvido.

A terapia de primeira ordem concebe o adolescente como um doente, com um pai/mãe que os maltrata. A terapia de segunda ordem se volta para o padrão e a posição hierárquica de todos os integrantes. Pode ser uma família com papeis tradicionais, rígida, com um pai periférico nos cuidados a filhos e filhas e uma mãe responsável por esse cuidado. É uma família rígida, que não permite a expressão das necessidades da prole. Apresentam uma imagem de perfeição, mantendo uma fachada honrada (Linares & Campo, 2016).

A intervenção de segunda ordem busca fazer uma mudança na hierarquia, nas regras e nos papéis desempenhados na relação parental. Para isso, trabalha-se com a ideia de que é normal que uma família altere seus acordos originais quando um de seus membros está em um processo de mudança ou esteja expressando um mal-estar. Isso requer o envolvimento de todos em uma nova etapa familiar, com aproximação e reconhecimento das necessidades do adolescente que está no processo de se tornar um jovem adulto. A circularidade da conversação conduzirá toda família a mudar suas crenças e epistemologias de si mesmos, seus membros se reconhecerão como parte do problema e agirão para resolvê-lo, o que causará uma mudança de segunda ordem, isto é, a família e seus membros evoluem a outro estado de equilíbrio, diferente daquele que tinham antes do adolescente apresentar o sintoma.

Outro ingrediente da cibernética de segunda ordem é reconsiderar a posição do especialista, já que este se encontra dentro do contexto do conhecimento e não é um observador externo, mas ativo na construção do conhecimento sobre a realidade. A esse respeito, Foerster (1991) aponta: "somos parte do Universo", não somos observadores independentes, somos parte de sua construção. Isso leva a uma mudança qualitativa na posição do terapeuta: de um especialista objetivo-diretivo a um especialista modesto-colaborativo.

Mudança de terceira ordem

As terapias familiares de primeira e segunda ordem ainda estão vigentes na prática e na formação clínica. No entanto, atualmente ganha força a ideia de uma mudança de terceira ordem. McDowell, Knudson, e Bermudez (2019) apresentam um artigo intitulado: "El pensamiento de tercer orden en terapia familiar. Abordando la injusticia social en la práctica de la terapia familiar". Nesse trabalho, retomam a premissa de aprendizagem III de Bateson (1991), que consiste em "tornar visíveis os sistemas de sistemas" (p. 9), o que significa observar a relação complexa da família com os sistemas da coletividade (economia, política, sociedade e cultura). Eles transferem essa ideia para o campo clínico, para propor uma terapia familiar de pensamento de terceira ordem, a qual implica que o trabalho se estenda intencionalmente a conversa com as famílias sobre o impacto que outros sistemas sociais têm sobre seu mal-estar, como grupos de pertencimento, cultura, economia, raça, classe social, religião etc. Ou seja, a mudança de terceira ordem ocorre quando há uma transformação na forma como entendemos e nos relacionamos com os sistemas socioculturais, como parte da realidade a que pertencemos, e não como algo fora do alcance ou poder da família. "Essa consciência de sistemas de sistemas capacita a escolha para além do possível de uma segunda ordem, permitindo-nos imaginar e participar de uma transformação significativa" (McDowell, *et al.*, 2018, p. 23, ver McDowell, Knudson & Bermúdez, 2019, p. 13). Em essência, a aprendizagem ou mudança de terceira ordem convida as famílias a reconhecer os impactos estruturais que cultura, direitos, economia, trabalho, educação, religião, território etc. têm em sua vida quotidiana, em seu bem-estar ou mal-estar.

Antecedentes do modelo sistêmico de uma terapia de terceira ordem

Os clássicos

A ideia de terceira ordem sempre esteve no pensamento de vários precursores da terapia familiar. Pelo menos ela era mencionada como uma condição que não deveria ser ignorada.

Inspirados pelo paradigma ecológico, todos reconheciam que havia forças contextuais de ordem estrutural que influenciavam a família e poderiam criar mal-estar entre seus membros. Por exemplo, nos anos 1960, Nathan Ackerman (1982) mencionou que, se a organização social estiver alterada e não der proteção a seus membros, as famílias e as pessoas teriam problemas. Ackerman (1982) aponta que "a saúde mental [...] não pode estar isolada [...] [ou] a harmonia interna, as relações ótimas da pessoa, a família e a sociedade" (p. 27).

Minuchin, Colapinto e Minuchin (2000) — influenciados por Ackerman — reconhecem que famílias em condições vulneráveis e sem apoio estrutural, mesmo que recebam psicoterapia para conter seus múltiplos mal-estares — alcoolismo, abusos, depressão etc. — estão destinadas não apenas à pobreza, mas também a viver de forma recorrente sua sintomatologia psicológica. Acrescentam, a partir do contexto estadunidense, que o problema se estende a serviços assistenciais fragmentados e a uma ideologia individualista conservadora que centra o problema nas próprias famílias, sem olhar além do contexto onde vivem:

> [...] quando as famílias são culpadas por sua condição de pobreza ou conduta social, costuma estar presente [também] que sejam culpadas pelos problemas identificados no paciente [...], uma análise tão tendenciosa não leva em conta o que o sistema oprime, quem deve estar disponível [...] para criar um contexto mais protetor (p. 44).

Outro autor que deve ser lembrado é Jay Haley (1985), que argumenta de forma explícita que o olhar sistêmico do mal-estar psicológico e a terapia *per se*, implicam, sempre, uma ação social e política, e isso não pode ser evitado ou tomado como garantido. Diante disso, o terapeuta é definido como um ator sociopolítico fundamental. Haley propõe reconhecer essa condição política da psicoterapia para desenhar uma metodologia de intervenção *ad hoc*.

Uma vez aceita a ideia de que os problemas de um cliente incluem o meio social, ele deve sempre levar em consideração as coalizões nas quais está envolvido ao atuar. Para não se tornar um agente de controle social [...] cuja missão acaba sendo apaziguar aqueles que estão perturbando. (p. 9).

Capítulo 3

Dos sistemas de sistemas às patologias estruturais

Dos sistemas de sistemas às patologias estruturais

Honneth (2016) propõe o conceito de patologias sociais para se referir a um marco interdimensional: legal, cultural e familiar, que faz parte da exclusão e do abuso estrutural que restringe a liberdade dos indivíduos. A partir dessa analogia, seria empírica e epistemicamente correto falar em patologias estruturais e não individuais, uma vez que o mal-estar demonstrado pelo corpo tem sempre uma referência sociossimbólica e material.

O conceito de "família" — visto como um sistema de terceira ordem — implica investigar outros sistemas que interferem na sociedade, como os grupos de pertencimento (McDowell, Knudson, & Bermudez, 2019). Essencialmente, o pensamento de terceira ordem convida a família a reconhecer o contexto estrutural que interfere na relação, como a pobreza, o trabalho precário ou a falta dele, as regiões perigosas onde vivem, os papéis tradicionais impostos pela cultura sexista, as crenças fundamentalistas, a intolerância às diferenças, o classismo e o racismo etc. A esse respeito, Aponte (1987) afirma que existe uma interdependência entre o indivíduo, a família e sua comunidade para enfatizar que os problemas pessoais estão inevitavelmente vinculados a uma "matriz socioecológica". Assim, há dois contextos implícitos que impactam significativamente na saúde ou mal-estar dos indivíduos e das famílias: os aspectos socioambientais ou econômicos e os fatores culturais.

Pobreza estrutural que interfere na saúde

As condições de pobreza e precariedade, como parte da injustiça social, são os fatores mais recorrentes a interferir na saúde das pessoas nos países em desenvolvimento, pois levam as famílias a viverem à margem da sociedade. Não cobrem necessidades básicas como alimentação, vestuário e habitação devido à falta de trabalho digno; vivem em um bairro que não é seguro, ao qual se somam as precárias políticas de bem-estar que não garantem saúde, educação e trabalho digno e de qualidade aos seus habitantes. Até as instituições protetoras tornam-se abusivas. Essa constelação de fatores em torno da pobreza gera a marginalização e a exclusão estrutural de milhões de famílias e afeta a sua saúde física e mental.

Santiago, Wadsworth e Stump (2011) mostram que existe uma estreita relação entre problemas estruturais e sintomas psicológicos. Os autores apontam que a pobreza gera "dano psicológico": estresse, depressão, problemas psicossomáticos, negligência parental, abuso de álcool e drogas, abuso de parceiros e abuso parental, instabilidade conjugal, carência parental etc. Belle (1982) menciona que "mulheres donas de casa que vivem na pobreza [...] e são responsáveis por cuidar de crianças pequenas são propensas à desesperança e à depressão" (p. 38).

Brannon e Feit (2001) concordam com os autores anteriores ao apontar que a origem da maioria das doenças começa no contexto onde o indivíduo vive, e isso pode afetar o organismo e até mesmo o seu grupo, como a família. Os contextos que mais interferem na saúde das pessoas são econômicos, sociais, políticos e culturais.

Diante desse cenário de pobreza estrutural, Barnes (1998) aponta que "os efeitos da desigualdade estrutural criada pela pobreza devem ser reconhecidos e trabalhados no contexto clínico por aqueles que lidam com as famílias" (p. 64). Delage (2010) propõe o conceito de "nicho ecológico" que são vários níveis de contextualização que interagem entre si, a fim de explorar e compreender os fatores de risco e fatores de proteção das pessoas e suas famílias.

Diante disso, conclui-se criticamente que a exclusão estrutural em todas as suas formas — econômica, educativa, sanitária, política, jurídica etc. — implica, na sua própria natureza, uma ruptura duradoura dos laços que se necessita reconhecer e explicar abertamente para que possam ser confrontados com inteligência terapêutica e política.

Fatores culturais que interferem na saúde

A estrutura também está representada na cultura, e isso se manifesta na vida cotidiana, por meio de práticas simbólicas tácitas que uma comunidade ou família assume. A cultura fornece identidade aos seus membros e uma associação diferenciada ao grupo. A cultura contém crenças que organizam a família; não são sistemas diferenciados, mas integrados na educação, nas relações conjugais e parentais. É por isso que a dimensão estrutural é mais difícil de reconhecer e desenraizar no processo terapêutico. Sobre isso, Barnes (1998) menciona que o trabalho do terapeuta é entender o significado gerado por cada família a partir de seu contexto cultural. O significado cultural pode justificar o uso do poder por meio da violência, razão pela qual os terapeutas devem estar atentos a esta construção cultural de significado. No processo terapêutico, isso deve ser explicitado e questionado como um problema coletivo e não apenas particular ou privado de determinada família.

Sobre isso, Luhmann (1995) menciona que as práticas culturais contêm um enorme poder na construção de estilos de vida, que são organizados, tácitos e apresentam uma série de códigos, ações e comunicações que são necessários para explorar e investigar dentro das próprias diretrizes familiares, trazendo-os à tona, explicando-os e os tornando visíveis para serem colocados no campo do diálogo, da negociação.

É por isso que a função da psicoterapia é trazer para a conversa explícita os significados ou simbolismos que estão ocultos na esfera privada, em que o próprio terapeuta e a família estão envolvidos. Isto irá gerar o envolvimento de todos na negociação aberta dos significados culturais ocultos e tácitos que interferem no bem-estar familiar (Barnes, 1998).

Diante disso, e da recorrência do mal-estar observado no campo clínico, propõe-se classificar quatro patologias culturais estruturais: o patriarcado, o classismo, o racismo e o hiperconsumismo, que são dimensões do paradigma neoliberal (Brown, 2021).

Cabe esclarecer que essa categorização é uma provocação que nos convida a explicitar os imaginários culturais que se manifestam no cotidiano familiar ou grupal e, com isso, desenraizar ou exorcizar as psicopatologias do indivíduo, situar o mal-estar pessoal no contexto de sua produção. Por outro lado, essa classificação estrutural não tenta colocar uma forma rígida; é uma simples conjectura a partir da qual pode ser explorado o conteúdo simbólico estrutural das relações familiares, ou seja, a patologia estrutural se mostra no modo de vida e nos jogos linguísticos praticados pela família e pela comunidade. Os grupos também podem ter características mistas, ainda que existam alguns fatores definidores que impõem regras de relacionamentos e seus consequentes padrões.

Patologia patriarcal

A patologia patriarcal é aquela que prioriza as necessidades dos homens em detrimento das necessidades das mulheres, ou de outro gênero; giram em torno do conceito de propriedade privada, razão pela qual as relações são entendidas como posse sobre o outro; a esposa, os filhos e as filhas tornam-se objetos de pertencimento. Declaram que os papéis e a heterossexualidade são "naturais" ou "divinos". São formadas a partir do romantismo e da religião, pois partem do princípio de que o amor e o casamento são para a vida toda: até que a morte os separe, profecia autorrealizável que se expressa no feminicídio. A unidade familiar é defendida apesar dos abusos e gera orientações baseadas na hipocrisia; falam de amor e excluem ou maltratam quem não corresponde às expectativas da família nuclear heterossexual. Por exemplo, uma filha que se divorcia ou um filho homossexual é uma vergonha e uma desonra para a própria família, razão pela qual são sistematicamente excluídos ou maltratados. Promovem abertamente a cultura do ódio contra a diversidade de gênero e a diversidade familiar.

Patologia classista

Na patologia classista, as famílias discriminam pessoas que pertencem a outra classe social. Seus valores giram em torno do *status*, da linhagem familiar e da posição econômica familiar, em que o sobrenome tem uma relevância fundamental. O casal se mantém junto principalmente por *status* e não por amor. Eles priorizam a ascensão na escala social em vez da criação e do apoio emocional. A lealdade e os valores de classe são prioridade e definem as regras da relação familiar, isso se apresenta nas altas expectativas parentais em relação aos seus filhos e filhas. Por esse motivo a família de origem interfere na individuação e na autonomia dos filhos e filhas, criando um cerco emocional e material impenetrável para aqueles que pertencem à mesma linhagem. Se um filho não atinge as expectativas familiares, é excluído. Se uma filha casa com uma pessoa que não seja da mesma rede familiar ou mesma classe social, será marginalizada. Ou seja, a família consanguínea tem prioridade de lealdade e confiança sobre a família criada e política.

Patologia racista

A patologia racista gira em torno de preconceitos de origem racial. A cor da pele e os traços faciais têm enorme poder de estabelecer vínculos. Assim como os classistas, sentem que são seres superiores, com privilégios especiais, é por isso que criam uma barreira divisória contra outros grupos. São grupos autoritários e rígidos, violentos com quem não é da cor da sua pele. Educação, dinheiro ou valores como respeito não são importantes: a pele e os traços eclipsam qualquer outra qualidade da pessoa. E, assim como a patologia patriarcal, promovem abertamente uma cultura de ódio, neste caso, contra aqueles que não são da mesma raça. Pessoas diferentes nunca poderão entrar no círculo íntimo da família, e, se algum membro da família se casar com uma pessoa de raça africana, latina, asiática ou de outra raça que não tenha características europeias, será excluído ou maltratado. Se um filho ou filha nascer com uma cor de pele diferente da branca, sofrerá rejeição e exclusão recorrentes na família e na comunidade.

Patologia hiperconsumista

A patologia do hiperconsumo surge como parte do sistema neoliberal e gira em torno do mercado, constituindo um modo de vida baseado no consumo. As pessoas acumulam "coisas" como troféus a serem exibidos: imóveis, roupas, acessórios, carros, joias e novas tecnologias que o mercado oferece. Novas experiências emocionais também estão incluídas no carrinho de compras. Ao contrário dos grupos classistas, a grande maioria do grupo hiperconsumista pertence à classe média baixa, e acaba se endividando para vender uma imagem fictícia para o mundo exterior. As marcas dos produtos definem sua identidade. Têm uma falsa consciência de classe e desqualificam quem não aparece bem-vestido e com boa imagem corporal. Tal como os racistas, a educação, a literatura e a arte não são uma prioridade. São um tipo de analfabeto escravo do marketing. Essas pessoas se apresentam nas redes fingindo felicidade. Suas necessidades são materiais. A sua orfandade emocional é compensada com objetos da moda, um padrão que acaba gerando um vazio existencial nos seus membros. Isso gera um fenômeno que chamamos de "consumismo afetivo" que significa substituir apoio, atenção, cuidado e amor por produtos e experiências oferecidas pelo mercado. Juntamente com a ideologia individualista, esta patologia é a criação perfeita do neoliberalismo.

Vale acrescentar que essas patologias têm ligação direta com a família patriarcal heterossexual tradicional e o modo de produção neoliberal, a partir do qual defendem a liberdade das premissas do mercado e do individualismo desarticulado, gerando identidades à sua maneira.

Essas identidades, produtos de patologias estruturais, partilham a qualidade de serem acríticas consigo mesmas, porque são regidas por um imaginário cultural de premissas de verdade.

Não é fácil incorporar aspectos estruturais no diálogo clínico como a pobreza e as mitologias culturais, especialmente se quisermos que tenham efeitos terapêuticos libertadores positivos. É por isso que utilizaremos a tipificação das patologias estruturais como metáfora orientadora, para reconhecer o mal-estar individual como um problema coletivo. Diante disso, nossas pesquisas clínicas nos levaram a tecer uma teoria social de biologia, identidade e emoções que permite tornar visível o poder, através dos sintomas familiares, e enfrentá-lo com sucesso a partir de seus recursos.

Capítulo 4

Biologia e "mente": dinâmicas de terceira ordem

Biologia e "mente": dinâmicas de terceira ordem

Epigenética: uma biologia de terceira ordem

Começaremos com a biologia. A pesquisa nessa área avançou o paradigma para compreender a complexidade do comportamento humano. A epigênese é prova disso; poderíamos classificá-la como genética de terceira ordem. A nova biologia reconhece que o DNA e a atividade bioquímica cerebral são ecológicos, para "adoecer" é necessário o contexto social.

A epigenética é uma ciência baseada no estudo da maneira como certos fatores ambientais e estilos de vida podem determinar a expressão de determinados genes. Em outras palavras, concentra-se nas alterações reversíveis do DNA e das proteínas que se ligam a ele, e que fazem com que algumas características sejam expressas ou não, dependendo das condições ambientais (Weir, 2012).

Sobre isso, Celnikier (2007) aponta:

> [...] acreditávamos, até agora, que os nossos pais e avós simplesmente nos transmitiam os seus genes [...] confiávamos que os genes eram transmitidos inalterados de geração em geração. Sem modificações [...]. No entanto, hoje sabemos que o ar que os nossos avós respiraram, a água que beberam ou o ambiente psicossocial em que viveram também podem afetar os seus descendentes, mesmo décadas mais tarde. Fatores externos podem influenciar a complexa rede de interruptores que precisam ser ligados e desligados para levar, por exemplo, ao desenvolvimento do câncer. Portanto, não se trata apenas de saber quais genes herdamos ou não dos nossos pais, mas se eles são ativados ou desativados através de interruptores epigenéticos. (p. 75).

Bateson e Gluckman (2011) destacam que a genética de um organismo é profundamente influenciada por fatores externos. Keller (2010), por sua vez, do ponto de vista epistêmico, menciona que é um erro conceituar o desenvolvimento de um organismo como se fosse um elemento separado entre sua genética e o meio ambiente. Essa ideia é inovadora e poderosamente atrativa para repensar o modelo sistêmico para além da interação psicossocial. O biológico está integrado no circuito da segunda cibernética, onde se acoplam a biologia do organismo e o ambiente onde atua. Ou seja, a genética de um organismo através do seu corpo é parte integrante do ecossistema ao qual pertence e participa ativamente. Não são elementos separados; ambos compõem o mesmo corpo na interação mútua, ou, como diria Bateson (1991), no padrão que os conecta, constituindo uma ecologia particular. Em outras palavras, a genética e o contexto são encontrados no organismo. "Um mundo em que a identidade pessoal se funde com todos os processos relacionais e produz um vasto sistema ecológico ou estética de interação cósmica. [...] Cada detalhe do universo é visto como uma proposta de visão do todo" (Bateson, 1991, p. 336).

Por sua vez, West (2003) mostra que a adaptação evolutiva ou a mudança de um organismo em relação ao ambiente não se deve à mutação genética, mas sim a novas mudanças qualitativas na natureza do gene, onde o ambiente é incorporado como parte dele, não como algo separado. Não é que haja uma série de mutações genéticas: há uma plasticidade fenotípica, que pode facilitar a evolução do gene para uma acomodação, e gerar a mudança (p. 20). Por outro lado, Jablonka e Lamb (2005) mostram que a evolução dos seres vivos, especialmente dos humanos, envolve quatro dimensões inter-relacionadas. A primeira: foi demonstrado que as células podem transmitir informações ou herdar genes para outras células-filhas. Segundo: essa herança ocorre através da epigenética que, em outras palavras, significa que os organismos possuem pelo menos dois sistemas paralelos, os sistemas hereditários e o ambiente onde o organismo está inserido. Terceira: por comportamento. Finalmente, no ser humano, acrescenta-se um quarto elemento que se baseia na relação simbólica. Pode-se dizer que é uma herança de base simbólica, através da linguagem, que desempenha um papel importante na evolução.

É errado pensar sobre evolução e herança apenas em termos de sistema genético, epigenética e comportamento. Acrescenta-se um tipo qualitativo e distinto da raça humana: a herança simbólica.

Diante disso, Gissis e Jablonka (2011) propõem o conceito de plasticidade, que é a capacidade do organismo de mudar e responder a diferentes condições, sendo um elemento fundamental para compreender a evolução. Através da experimentação, demonstram quais novas variações genéticas podem ser induzidas pelo estresse, gerando mecanismos moleculares que se fundem com a hereditariedade, embora estes estejam organizados hierarquicamente, alguns com maior poder que outros.

Epigênese e os sintomas psicológicos

Weir (2012) destaca que, nas últimas décadas, a epigenética tornou-se um recurso teórico substancial para reconhecer a complexidade da doença mental.

Um exemplo é a pesquisa realizada por McNally (citada por Weir, 2012), na qual foram estudados os cérebros de pessoas que cometeram suicídio. Foram encontrados padrões específicos de marcadores epigenéticos que mostraram que "o estresse penetra na pele", daí a importância de considerar fatores ambientais e psicológicos no desenvolvimento de doenças. "A solução não é uma batalha entre abordagens biológicas e não biológicas, mas sim uma visão mais matizada e sofisticada das múltiplas perspectivas que podem lançar luz sobre a etiologia dos transtornos mentais" (p. 18).

A esse respeito, Cyrulnik (2016) salienta que "toda a vida começa na genética [...] [mas] nenhum gene pode viver fora do seu ambiente [...], as pressões ambientais podem modificar a expressão de uma sequência de DNA" (p. 14).

Mascolo (2013) explica que existem diversas dimensões epigenéticas que impactam a estrutura psicológica das pessoas: genes e ambiente, biologia e cultura, cognição e emoção e o *self*, todas inseparáveis que permitem processos causais no desenvolvimento da ação e da experiência.

Michel, Campbell, Marcinowski, Nelson, Babik (2016), mostram que o comportamento humano é um produto biossocial multifacetado, que começa desde o estado pré-natal e continua até a idade adulta.

Weir (2012) conclui que a epigenética está emergindo como uma ponte de ligação plausível entre a biologia e o contexto para explicar a saúde mental.

Diante desse panorama, a biologia é aqui considerada como um sistema de terceira ordem, que está em contínua transformação, de forma intersistêmica. O contexto é a força que leva à mudança na biologia, embora implique uma intersecção mútua que deve estar sempre presente em qualquer diagnóstico de mal-estar psicológico.

A "mente": uma categoria de terceira ordem

A terapia familiar de terceira ordem centra-se na sensibilização para a influência dos sistemas de sistemas — aspectos estruturais — no comportamento humano; envolve não apenas reconhecer os efeitos que produzem em nossas vidas; significa também compreender a causalidade da natureza sociocultural e histórica do psicológico e, para isso, é necessário integrar ao modelo sistêmico uma teoria que explique tais qualidades e, assim, delinear uma psicoterapia social.

A "mente" como matriz sociocultural

Existe algum fundamento empírico que mostre o vínculo entre o social e a "mente"? Aqui teceremos uma teoria sociossimbólica da "mente" a partir de diversos autores e escolas que se concentraram em investigar a correlação entre o sociocultural, os usos da linguagem e o aparecimento de funções psicológicas complexas dos seres humanos e, em particular, da consciência e de si mesmo. Não adotaremos perspectivas que separem as condições socioculturais das psicológicas, nem aquelas que se concentrem apenas na linguística ou na cognição.

Na década de 1930, Lev Semyonovich Vygotsky e George Herbert Mead lançaram as bases epistêmicas e metodológicas para uma psicologia científica que se concentra nas qualidades sociossimbólicas da mente. Eles propuseram um modelo que chamaram de sociogenético baseado na pesquisa das influências contextuais do comportamento humano.

Nesse sentido, Alexander Luria (1995) explica o fundamento ontológico a partir do qual Vygotsky partiu:

> [...] para explicar as formas mais complexas da vida consciente do homem, é essencial ir além dos limites do organismo, procurar as origens desta vida consciente e do comportamento "categórico", não nas profundezas do cérebro ou nas profundezas da alma, mas nas condições externas da vida e, antes de tudo, na vida social, nas formas histórico-sociais da existência do homem. (Luria, 1995, p. 21).

Ao mesmo tempo, mas em outro território e com uma tradição filosófica diferente, e sem se conhecerem, George Herbert Mead, estudioso do comportamento humano, surge em cena em uma perspectiva de comunicação e cooperação. Ele ressalta que é somente no ato simbólico cooperativo que a psique humana aparece. "O espírito surge [...] através de uma conversa de gestos em um processo social ou contexto de experiência e não na comunicação através do espírito" (Mead, 1972, p. 166). O termo que ele propõe para esta atividade é "interação simbólica". Ele ressalta que o foco vem, "não a partir dos significados internos que são expressos, mas a partir do contexto mais amplo da cooperação que se realiza no grupo por meio de sinais e gestos. A significação aparece dentro desse processo" (Mead, 1972, p. 166).

A pesquisa de Vygotsky e seu grupo centrou-se em meninos e meninas, nos quais puderam observar que há uma internalização da linguagem; portanto, é considerado um processo em que determinados aspectos da estrutura da atividade que foi realizada em um plano externo passam a ser executadas em um plano interno. Para isso, identifica uma série de aspectos intermediários que ocorrem no processo de internalização, que produzem mudanças qualitativas nas funções psicológicas básicas.

Mais especificamente, Vygotsky não considera a internalização como uma ação em que o sujeito absorve passivamente o seu ambiente, mas sim como um processo dinâmico, em que este último e o contexto social interagem ativamente; constitui um complexo jogo de relações de vaivém, que se dá na própria atividade de interação, sempre delimitada pelas características culturais dos locais onde vivem meninos e meninas.

Com isso, Vygotsky (1991), concordando com Mead, chega à sua primeira conclusão: a atividade mental humana complexa não pode ser gerada sem a colaboração social, que permite a mediação de instrumentos, símbolos e materiais inseridos em uma cultura específica, e com ela, culturaliza a pessoa. E vai ainda mais longe ao salientar que a individuação, singularidade ou identidade da pessoa é sempre de natureza cultural.

A origem sociossimbólica da consciência e de si mesmo

O objetivo de Vygotsky não era pressupor os aspectos culturais que envolviam os indivíduos, mas estudar o papel da cultura diante de uma estruturação de diferenças sistemáticas entre as pessoas. Ou seja, neste jogo interativo através do uso da linguagem, meninos e meninas, por um lado, compartilharão uma cultura que os identificará entre si e constituirá o grupo ao qual pertencem; e, por outro lado, no mesmo processo ocorre outro fenômeno substancial: a singularidade do sujeito, com características e qualidades próprias que o distinguem de seu grupo. Nesse processo duplo, Vygotsky e seus colegas explicam o surgimento da agência do próprio comportamento, em outras palavras, a capacidade de se comportar de forma consciente e voluntária.

Sobre isso, Rivière (1988) aponta:

> [...] as fontes da atividade voluntária não estão nas alturas do espírito nem nas profundezas do cérebro. A cisão entre o idealismo dos fenomenológicos e o positivismo naturalista dos objetivistas foi consequência da perda do elo fundamental de ligação entre as funções fisiológicas e as criações mais complexas e livres das mentes, e esse elo não residiria no próprio indivíduo, mas fora dele, nas formas historicamente determinadas da vida social. As funções superiores não têm apenas uma origem natural, mas têm, acima de tudo, uma história social, lembremos a frase de Vygotsky, em 1924: "A consciência é, por assim dizer, contato social consigo mesmo". Mas acontece que o "si mesmo', como ser consciente e capaz de atividade voluntária, é o resultado de uma duplicação que é permitida pela relação com os outros". (p. 42).

Por sua vez, Mead destaca que é na interação simbólica que se gera o "si mesmo", que é a capacidade reflexiva da pessoa de perceber a existência do outro e, ao mesmo tempo, ver-se através dele.

Essa abordagem levou Mead a reconhecer uma segunda fase na construção da pessoa. A primeira fase de internalização social faz com que a pessoa pertença a um determinado grupo ou cultura, que é chamado de "mim", mas nesse processo emerge outra complexidade, a capacidade da pessoa de agir sobre o grupo com uma certa singularidade: "o *self*, que é o *si mesmo*". A pessoa, portanto, não se reduz nem ao social nem ao individual. "Esse processo pode ser caracterizado, em certo sentido, em termos do *eu* e do *mim*, sendo este último aquele grupo de atividades organizadas às quais o indivíduo reage como um *eu*" (Mead, 1972, p. 213). Este processo psicossocial permite a reflexão sobre si mesmo através da visão dos outros, é aí que surge a consciência. Ser objeto para si é uma reflexão que pode ser sujeito e objeto ao mesmo tempo. O *self (si mesmo)* é aquele objeto social na ação comunicativa onde o ator se encontra com *ele mesmo*, e se posiciona numa relação *eu-tu*, ele mesmo enfrenta seu *self* na segunda pessoa.

Isso leva à alimentação do "espírito" ou psique, ou à internalização social, não como um recipiente ou reflexo dela, mas como um ato reflexivo constante de diálogo consigo mesmo e com o seu contexto social. É por isso que consideramos o "self" (si mesmo) ou "a mente" como uma categoria de terceira ordem.

A emergência dessa capacidade de ser objeto de si traz uma complexidade maior: a individuação e a singularidade do comportamento. Mead destaca que na relação "intra e extrapsíquica" surge a individuação, que se mede tanto pela diferenciação de identidades de tipo único quanto pelo crescimento da autonomia pessoal. Esta qualidade distintiva e criativa da pessoa continua a ser de natureza social, ou seja, comunica sempre ao grupo. Não é um impulso biológico ou desenraizado da comunidade onde atua, o comportamento individual ou singular é sempre um ato social. Outro recurso que pode ser utilizado é a possibilidade de as pessoas gerarem "singularidades" ou inovação para contribuir ou gerar mudanças no contexto de pertencimento, ao qual se refere Pakman (2020a, 2020b). Como se verá mais adiante, essa qualidade reflexiva da pessoa torna-se um grande recurso para a psicoterapia, pois pode invocar metodologicamente o diálogo crítico consigo mesmo a partir de um diálogo de solidariedade com a família e a rede de pertencimento.

Nessa perspectiva, Vygotsky e seus colaboradores, como parte das conclusões de seu programa de pesquisa, elencaram uma série de premissas da atividade psicológica: percepção, atenção, memória, emoção, imaginação e vontade, que têm sido uma fonte de inspiração para a nova psicologia e são um grande recurso para a terapia familiar crítica de terceira ordem.

A natureza social dos processos psicológicos complexos

Percepção: a interação social por meio do uso da linguagem reestrutura qualitativamente os processos de percepção; ela se transforma qualitativamente, passando de sensorial e situacional para se tornar mais profunda, generalizada e permanente, vinculada às características essenciais das coisas, como formas e cores enquadradas em determinados grupos e categorias (Luria, 1995).

Atenção: de automática, de acordo com as características biológicas de cada animal, passa a ser voluntária; a pessoa é capaz de direcionar intencionalmente a atenção para um ponto específico.

Memória: será baseada em processos discursivos e não sensoriais ou circunstanciais, torna-se atividade mnêmica consciente. Sobre isso, Luria (1995) aponta:

> [...] o homem estabelece para si o propósito especial de lembrar, organizar dados memoráveis e torna-se capaz não apenas de expandir imensamente o volume de informações retidas na memória, mas também de retornar voluntariamente ao passado e escolher dele no processo de lembrar o que, em dado momento, parece mais essencial. (p. 115).

Essa perspectiva é trazida para a pesquisa psicossocial contemporânea, em que outras propriedades sociais da memória são reconhecidas. Middleton e Edwards (1990) estabelecem um vínculo íntimo entre memória coletiva e identidade, apontam que são formas de práticas sociais; a memória é organizada em torno da vida cotidiana no presente, permite lembrar ou não lembrar de algo. É por isso que a memória tem origem colaborativa e não individual. Os grupos com os quais interagimos diariamente não apenas invocam uma memória, mas, ainda mais importante, interpretam-na a partir das condições éticas e morais do presente. É por isso que se pode dizer que a condição histórica dos indivíduos não é linear, fixa ou atemporal, ela é continuamente negociada no presente.

Emoções: são de natureza transversal. Luria (1995) menciona que "o mundo emocional do homem não só é imensamente mais rico e não é apenas individualizado no que diz respeito às motivações biológicas" (p. 116), mas que o ser humano pode prolongar ou intensificar uma emoção, usando voluntariamente a memória, direcionando a atenção para um aspecto em geral (Vygotsky, 2010). A remoção do estigma de biológico, involuntário ou automático das emoções levou à abertura de novas linhas de pesquisa, das quais se destacam aquelas que apontam que as pessoas têm poder sobre as suas emoções, e não o contrário (Goleman, 1995). Há também aqueles que as consideram uma construção sociocultural (Harré, 1982), e um fator substancial para a construção do mundo social (Maturana, 1997) ou uma qualidade humana que nos permite perceber e interpretar o mundo de uma forma *sui generis*, para além a racionalidade (Hochschild, 1983, 1998; Fernández, 1999).

Vendo as emoções como uma qualidade complexa e sistêmica, Artz (1994), nesse sentido, menciona que a emoção é "um recurso de conhecimento e compreensão que é parte ativa e integrante do processo de construção de significado" (p. 16). Dessa forma, a análise psicológica do *self* não pode deixar de lado a experiência emocional ou apresentá-la como mais uma variável para a pesquisa, uma vez que a emoção ou os sentimentos, a partir dessa abordagem, são um aspecto básico e fundamental que compõe o sentido do discurso e, portanto, do conhecimento de quem os expressa. E, ao mesmo tempo, a maneira como vivenciamos nossos sentimentos faz parte de como desenvolvemos o senso de *self*. Temas que posteriormente serão abordados com mais profundidade.

Imaginação e liberdade de ação: "É impossível conhecer acertadamente a realidade sem um certo elemento de imaginação" (Vygotsky, 1982, p. 437). Para este pensador, os usos da linguagem, do pensamento e da imaginação atuam juntos; e a consciência passa a ser o pivô disso, pois "para a imaginação é importante o direcionamento da consciência, que consiste em afastar-se da realidade, em uma atividade relativamente autônoma da consciência, que difere da cognição imediata da realidade" (Vygotsky, 1982, p. 437). Em outras palavras, a consciência pode expandir-se através da imaginação direcionada ao futuro e, dessa forma, criar uma ação livre, independente da situação imediata, razão pela qual surgem a singularidade e a inovação.

Concluindo, Shuare (2010) menciona que é necessário reconhecer que, por trás de qualquer sinal, palavra, ação, emoção, memória, percepção, necessidade, imaginação e vontade, há sempre um outro, ou seja, uma pessoa com quem se interage. Com isso, resolvem-se as dicotomias: o psiquismo é cultural, a singularidade ou diferenciação da pessoa é social, a identidade é histórica, a emoção é coletiva. Nas sociedades ocidentais é um fato que as pessoas se reconhecem como indivíduos únicos e irrepetíveis, distinguem-se e diferenciam-se física e mentalmente, com necessidades, pensamentos, sentimentos e ações próprios e diferentes dos outros. Nesse sentido, Habermas (1990) e Martuccelli (2019) concordam ao argumentar que a singularidade da pessoa aponta para o grau de diferenciação em que um indivíduo é reconhecido ou alcança de forma legítima em uma coletividade. Em outras palavras, a individualidade nunca perde sua condição ecológica (Bateson, 1991).

Colocando isso no campo da psicoterapia, poderíamos dizer que esse jogo relacional entre o eu e os outros coincide com a ideia de que o reconhecimento se torna um fator substancial de autoaceitação que fortalece o indivíduo.

Essas são as bases de uma psicologia que está enraizada no contexto social e na atividade simbólica. A qualidade psicossocial reflexiva e dialógica da consciência ou do *self* torna-se um grande recurso para a psicoterapia aqui defendida. Consideramos a identidade como um construto de segunda e terceira ordem, que abre caminho para invocar na pessoa e na família uma honestidade crítica de si com efeitos terapêuticos.

Terceira parte

A proposta

A terapia familiar como psicoterapia de terceira ordem

Capítulo 5

Diagnóstico, acolhimento e estilo de vida

Diagnóstico, acolhimento e estilo de vida

A terapia familiar de terceira ordem começa desde a primeira sessão com os clientes e uma ontologia diagnóstica. Nesta seção, explicaremos brevemente o que se entende por diagnóstico nesta perspectiva; serão especificadas as regras do contexto terapêutico e a família será contextualizada através da exploração do seu cotidiano, conhecendo o estilo de vida que pratica para depois passar a conhecer a demanda e a dinâmica familiar relacionada aos sintomas.

Diagnóstico como conjectura e estrutura social organizada ativa[1]

Começaremos salientando que os múltiplos fenômenos da realidade não são todos iguais e de mesma natureza: eles têm distinções ontológicas substantivas que precisam ser explicitadas. A realidade psicossocial não é a mesma da realidade biológica ou física (Harré, 1986). A primeira contém elementos qualitativos que a distinguem, como a consciência dos sujeitos, por isso os diagnósticos são de ordem diferencial em cada uma dessas esferas da realidade. Estamos lidando com pessoas, e não com plantas ou células, que estabelecem um tipo diferente de relação com pesquisadores ou terapeutas. No que diz respeito às pesquisas em psicologia da ciência, Rosenthal (1976) destaca a influência do pesquisador nos resultados de seus estudos. Utilizaremos o termo "efeito experimentador" para demonstrar que certas características do pesquisador — expectativas, hipóteses e até gênero — influenciam os resultados da sua prática através de comunicação encoberta não intencional. Ibáñez (1989, 1994) destaca que no processo de pesquisa em psicologia é impossível não afetar os sujeitos do estudo, argumentando que se estabelece uma espécie de "efeito ilustrativo" que influencia as respostas dos sujeitos. Seu argumento baseia-se no fato de que não só os pesquisadores percebem, observam, interpretam, refletem, sentem, tiram conclusões e aprendem, mas também os sujeitos da pesquisa.

Se transferirmos essa conclusão para o campo clínico, os diagnósticos influenciam e impactam ainda mais fortemente nossos clientes, pois se estabelece um vínculo mais próximo na relação clínica. O diagnóstico classifica

[1] Parte do conteúdo deste subtema foi publicado em Medina, R. (2013). El diagnóstico psicopatológico como marco social organizado: ontología y epistemología. *Revista Mexicana de Investigación en Psicología* 5 (2), pp. 167-174.

e avalia implicitamente uma pessoa, e essa pessoa interage com o rótulo, mas também com o especialista que o atribuiu. No campo da psicoterapia, se o diagnóstico for utilizado como uma verdade inquestionável, como o utiliza o modelo médico, acaba levando à aniquilação do diálogo e, portanto, do poder do cliente e de sua família. Nesse sentido, Bateson (1991) explica que quando as palavras se tornam rótulo elas inativam a pessoa para enfrentar sua "doença" e inativam todo o seu contexto de referência, denominando esse acontecimento como "efeito dormitivo". Além disso, diagnósticos fechados produzem estigmatização social. Nesse sentido, o sociólogo Goffman (1995) estudou os efeitos do "estigma", como cenário que leva à exclusão e, portanto, a uma espécie de profecia autorrealizável que confirma a doença e o doente. Ou seja, o rótulo gera o cenário.

Como pode uma palavra ter tanto poder para mudar o comportamento de tantas pessoas e até mesmo seus estados naturais? As palavras, além da função de nomear ou referir-se a uma realidade, têm o poder de organizar cenários sociais pragmáticos em torno de si. O efeito de construção da realidade surge nesta organização no uso da linguagem: ambos os aspectos — a linguagem e o social — são condição para gerar uma realidade objetiva no mundo psicológico, como revisamos anteriormente (Vygotsky, 1987,1989). Portanto, o diagnóstico, sendo interativo, produz "quadros sociais organizados" (Shotter, 1989): na família, com os amigos, na comunidade, com os especialistas, nas instituições etc., que afetam a identidade (Harré, 1989) e também na biologia da pessoa (Luria, 1995; Cyrulnik, 2002). Em outras palavras, o diagnóstico (uso da linguagem) funde-se nos vários quadros sociais que estão organizados (modo de vida), e a pessoa rotulada lidará com o diagnóstico personalizado, apropriar-se-á dele na primeira pessoa e, assim, afetará a esfera psicológica (Medina, 2018a). O interessante é que, por se tratar de um diagnóstico interativo, por estar na esfera da consciência, a capacidade da pessoa de se ver em torno dos enquadramentos sociais afetará também os estados naturais, a sua biologia (psicossomática).

Essa reflexão implica uma complexidade do diagnóstico e do trabalho clínico em geral, que devemos aceitar e reconhecer para estabelecer uma reflexão crítica sobre a nossa própria prática, para que o especialista não caia num universal ingênuo, neutro e acrítico.

O terapeuta deve converter o diagnóstico em um recurso psicossocial ativo que permita o diálogo sobre o mal-estar (Medina, 2018b).

O diagnóstico como recurso psicoterapêutico

Se o diagnóstico psicológico tem uma qualidade interativa que permite gerar quadros sociais organizados, esta ideia torna-se um grande recurso para a psicoterapia, o que nos permite ampliar o campo de análise e intervenção. Portanto, o diagnóstico deve ser concebido para gerar quadros sociais organizados que facilitem o diálogo, reconheçam necessidades e perspectivas múltiplas e abram diálogos (Seikkula & Olson, 2003). Isso permitirá visualizar os recursos pessoais e culturais da família. Ou seja, é preciso redefinir o diagnóstico como recurso psicossocial, como meio de diálogo. Em última análise, tudo isso redefine a relação cliente-terapeuta; eles são mutuamente afetados e, consequentemente, o seu vínculo também o é: do especialista-consultor à colaboração entre especialistas. O cliente passa, assim, de detentor de um rótulo a um ator que intervém conscientemente junto ao terapeuta e em seu contexto em relação ao problema que vivencia e sofre. Por isso concordamos com Linares (2013) quando aponta:

> [...] o diagnóstico psicopatológico, enquanto metáfora centrípeta orientadora relacional, deve servir de bússola orientadora [...] o seu peso específico deve diminuir inexoravelmente à medida que se constrói o universo único de cada terapia, sob a influência centrífuga da aliança relacional e terapêutica da psicossingularidade. (seg. 1).

Tudo isso leva a repensar a estrutura e o conteúdo das hipóteses diagnósticas e, a partir da terapia familiar de terceira ordem, o diagnóstico é um mapa ativo que facilita a intervenção terapêutica e capacita os clientes diante do seu mal-estar para a mudança. Aqui redefinimos a hipótese por conjectura, no sentido popperiano, a partir da qual determinados cenários serão ativados e se abrirá um diálogo que leve à mudança.

As conjecturas como eixo do diálogo terapêutico

A terapia familiar crítica de terceira ordem propõe conjecturas como eixo do diálogo terapêutico. A hipótese sistêmica que substituiu o diagnóstico tradicional, inicialmente proposto pela Escola de Milão, marcou época (Selvini, Boscolo, Cecchin, & Prata, 1980). Desde então, as hipóteses relacionais tornaram-se o "mapa" que permite à equipe organizar o processo terapêutico, da intervenção até a avaliação, e navegar nas relações familiares. A princípio, era um método clínico compartilhado apenas pela equipe terapêutica atrás do espelho, dentro da lógica da terapia familiar de primeira ordem. Posteriormente, a partir da cibernética de segunda ordem, as hipóteses foram socializadas explicitamente às famílias para que pudessem enriquecê-las por meio de colaboração, gerando um diálogo terapêutico que buscava encontrar os padrões que conectavam o sintoma (Bertrando, 2011; Andersen, 1994), e deu lugar à terapia familiar de segunda ordem.

O método dedutivo está por trás das hipóteses, e aqui a lógica é verificá-las. Isso tem vários vieses que precisam ser explicitados. Em princípio, embora uma hipótese não seja considerada nem falsa nem verdadeira, o canal empírico lógico para reconhecê-la como tal é a busca de verificação. Dada essa lógica, a equipe pode induzir, inconscientemente, aos seus clientes a verificação da hipótese, pois, de um lado, no contexto terapêutico há uma relação de poder assimétrica implícita: especialistas e inexperientes e, do outro, há é um viés paradigmático que o terapeuta utiliza: se o seu modelo for rígido e inquestionável, será tomado como uma crença irrefutável, certamente em um esforço clínico para verificar a hipótese — através de estratégias de dissuasão não verbais ou verbais, para seduzir o outro, e uma sentença de verdade —, serão confirmadas as evidências empíricas que verificarão suas hipóteses.

Sem desmerecer a colaboração entre a equipe terapêutica e os clientes na construção de hipóteses, a proposta aqui é mudar a lógica epistêmica, de hipotético-dedutiva para falsificacionista, ou seja, conjectura-refutação.

Tomamos a conjectura como lógica de pesquisa a partir de Popper (1983), que menciona que a ciência só avança através da refutação. Uma metodologia crítica que leva a família a refutar as suas próprias conjecturas à luz das tentativas e erros e da constante criação de outras. É uma epistemologia que evita cair na ingenuidade dedutivista e, assim, vender explicações *ad hoc* descontextualizadas aos nossos clientes. Ou seja, para que surja uma nova conjectura é necessário refutar as anteriores. Para que as conjecturas tenham a qualidade de serem refutadas, devem conter, em sua narrativa, relações específicas e provocativas que, por meio de ações, tendam a ser refutadas por tentativa e erro pela própria família em seu cotidiano. Por exemplo, você acha que se não acordar seu filho pela manhã ele não irá para a escola e seu marido ficará bravo com você? Não me responda, experimente e me conte na próxima sessão.

O diagnóstico, baseado em conjecturas, permite o diálogo crítico entre terapeutas e clientes para refutar, passo a passo, uma diversidade de crenças que estão enraizadas no estilo de vida e dão vida ao sintoma. A refutação implica, por si só, "nomear" provisoriamente o mal-estar; não por meio de um rótulo-qualificador ou de uma categoria de verdade, mas por meio de uma sentença provisória que combina relações intercontextuais específicas e pontuais que a família visualize a partir de seu cotidiano e fortaleza a possível a ação de enfrentamento.

Outro ingrediente substancial das conjecturas para o tipo de diagnóstico a que nos referimos anteriormente é que elas devem ser desenvolvidas a partir de uma perspectiva que contenha possíveis soluções para o problema, para que o "diagnóstico-conjectura" capacite os clientes para enfrentar os fatores atenuantes que estão ligados ao seu mal-estar. Isto redefine os clientes: de idiotas culturalizados (Garfinkel, 1967) ou reféns de padrões relacionais triangulares, a atores corresponsáveis pela sua saúde, capazes de influenciar os seus contextos imediatos. Por exemplo, o que você não contou ao seu filho sobre ele que faz você feliz? *Gosto da sensibilidade especial que ele demonstra quando ouve música.* Por que isso a deixa feliz? *Porque vejo ele feliz e com muita vitalidade naquele momento.* E por que você não disse isso a ele? *Não sei, talvez nossos problemas sejam maiores.* Você acha que não dizer essas coisas ao seu filho tem algo a ver com os problemas? *Não sei.* Tente fazer isso em casa e me conte o que aconteceu. Essa forma de nomear os problemas tem como objetivo reconhecer e fazer com que os clientes emerjam como exploradores do seu mal-estar ou bem-estar.

Outro elemento fundamental da conjectura é que, para que essa nova explicação tenha poder, o terapeuta deve estar atento para permitir que o cliente possa dialogar sobre a conjectura, ou seja, deve dar acesso ao reconhecimento de uma nova realidade.

Em suma, propõe-se repensar os diagnósticos, não como rótulos que representem a realidade universal e a-histórica, mas como simples conjecturas provisórias que organizam contextos, coordenadoras de narrativas e práticas sociais onde se tece um tipo de realidade. Portanto, é possível argumentar que os diagnósticos provenientes da terapia familiar de terceira ordem são conjecturas geradoras de contextos sociais ativos, e por isso se tornam um grande recurso psicoterapêutico.

Acolhimento: as regras do contexto terapêutico

Entendemos que o contexto terapêutico é um espaço de intimidade, e isso requer um exercício de responsabilidade moral de seus participantes

(Morales & Gálvez, 2012). O *setting* terapêutico é o início do processo terapêutico. Menciona-se que é um espaço desenhado para a aprendizagem, "propício à mobilização de recursos e responsabilidades compartilhadas no horizonte de um processo reflexivo" (Morales & Gálvez, 2012, p. 55). Para isso, é necessário especificar o jogo relacional a partir de uma ética flexível, mas clara, que constituirá uma base sólida a partir da qual se caminhará no processo terapêutico. Propõe-se no acolhimento apresentar uma série de princípios: os clientes são informados que são bem-vindos a este lugar, que é um espaço seguro para todos, onde o diálogo será mantido com respeito pelo outro. Há um convite à honestidade e ao posicionamento crítico em relação a si mesmo. "Estaremos muito atentos às necessidades de cada um de vocês, numa posição de escuta e respeito. Estamos aqui para apoiá-los no restabelecimento do diálogo entre vocês, o que os levará a resolver suas diferenças, dilemas e preocupações, mas, sobretudo, estamos aqui para que possam decidir o que é o melhor a ser feito para resolver o problema, sempre a partir de uma ética de cuidado com o outro, o que, no final, se traduz em autocuidado." Insiste-se que todas as perspectivas são importantes, por isso serão ouvidas com atenção e curiosidade.

A relação terapêutica começa dando poder à forma, e depois passa para o conteúdo. É um ritual fundamental que permitirá a todos dialogar a partir de outra posição, sem preconceitos — principalmente do terapeuta —, com respeito mútuo e cuidado com o outro. São regras que prendem a todos — terapeutas e clientes — a partir de um quadro paradoxal, pois existe a opção de quebrá-las ou não. Qualquer um dos seus resultados será um recurso de informação terapêutica.

Explorando o estilo de vida da família

No nosso modelo de terapia, na primeira sessão, antes de conhecer a demanda da família, é apresentada a equipe, é feito o enquadramento legal da sessão, são apresentadas as regras do contexto terapêutico, às quais já nos referimos, e passamos para a apresentação dos membros da família e às perguntas sobre outras pessoas que moram na mesma casa para traçar o genograma familiar, sugere-se conhecer três gerações. Imediatamente depois, continuamos com uma breve conversa etnometodológica (Garfinkel, 1967) sobre sua vida diária. Começamos pedindo à família que nos conte um dia típico de sua vida, desde a hora que acorda até a hora de dormir. Aqui se inicia a exploração, que consiste em um diálogo no qual o terapeuta questionará, com genuína curiosidade, sobre os aspectos da vida quotidiana, aparentemente banais e rotineiros, que organizam a família. O terapeuta não faz interpretações diagnósticas ou conjecturas e a família falará livremente. Perguntas estúpidas (Medina, 2018a) podem ser um grande recurso, pois sua intenção é tornar visível no discurso explícito aquilo que as pessoas praticam tacitamente. O objetivo da conversa sobre o cotidiano é conhecer a micropolítica familiar tácita que se organiza a partir de diversas dimensões estruturais: tempo dedicado ao cuidado dos familiares, trabalho, escola, tarefas domésticas, compras, vida social, entretenimento, como estão distribuídos no espaço, quais são os laços cotidianos familiares e de vizinhança etc., e, claro, quem são os protagonistas de cada atividade. Isso deixará explícito, desde a primeira sessão, a carga existente entre os gêneros e, sobretudo, a que atribuem mais poder na sua vida.

Uma das tarefas fundamentais da terapia familiar de terceira ordem é despatologizar os problemas vinculados aos estilos de vida. Explorar o cotidiano de determinada família torna visíveis os aspectos estruturais relacionados ao sintoma e ao mal-estar familiar. Nesse sentido, a partir da sociologia médica, Álvarez (2012) destaca que esse protocolo tenta gerar uma convergência entre agência e estrutura. Para fazer isso, distingue duas esferas a serem reconhecidas: 1) os elementos estruturais: circunstâncias de classe, comunidades, idade, gênero, etnia e condições sociomateriais; 2) Outros fatores atenuantes estruturais de natureza cultural. "A escolha da vida é condicionada pela socialização e experiência dos indivíduos, o que você pode controlar e escolher, com isso se mede o grau de liberdade" (Álvarez, 2012, p. 99). Especificamente, são explorados o nível educacional, a renda, a ocupação e as circunstâncias das áreas geográficas que os indivíduos habitam, como as taxas de pobreza, os níveis de criminalidade e a renda média das redondezas. Acevedo e Lochner (2003) acrescentam que a análise contextual também busca compreender a relação entre as redes de apoio e as relações configuradas nos territórios, além da situação de saúde dos seus habitantes. Dessa forma, condições como segregação espacial, discriminação, falta de reconhecimento, autopercepção de exclusão sofrida por quem mora em determinados espaços e seus efeitos na saúde são temas relevantes para a terapia familiar de terceira ordem.

Ou seja, a explicação da organização diária revela aos terapeutas, e especialmente à própria família, pontos cegos de enorme utilidade que uma entrevista clínica tradicional não conseguiria perceber facilmente. Essa conversa sobre o cotidiano também se torna um recurso clínico. De um lado, o diálogo terapêutico começa por conhecer os clientes como pessoas e não como pacientes; E, por outro, contextualiza e planeja todo o espectro terapêutico. Esse exercício ocorre ao longo do processo terapêutico, quando se pergunta com curiosidade sobre o que a família dá como certo no seu cotidiano, a fim de explicar as crenças que organizam seus padrões e reconhecer interferências em sua saúde. Nesse sentido, concordamos com Pauleickhoff (1965), que menciona que "como todos os transtornos psíquicos se refletem, sobretudo, na vida cotidiana e não podem ser separados dela de forma alguma, não conheceremos a fundo sua essência até que tenhamos conseguido penetrar na figura real da vida cotidiana do doente" (citado por Lehr & Thomae, 1994, p. 17).

Capítulo 6

O poder em uma dimensão de terceira ordem

O poder em uma dimensão de terceira ordem

Para a terapia familiar crítica de terceira ordem, o poder é um tema substancial de estudo que permitirá, metodologicamente, reconhecer as forças que estão implícitas no comportamento humano, seja para restringir sua liberdade, seja para alcançá-la. Em particular, estamos interessados em explorar a que ou a quem os clientes atribuem poder sobre as suas vidas e seu mal-estar. Quais são as táticas que utilizam para exercer o poder e quem participa delas?

O poder na terapia familiar sistêmica

O duplo vínculo como um jogo de poder

A terapia familiar sistêmica nasce da pesquisa sobre psicose. Foi Bateson (1991) quem levantou a hipótese de que o mal-estar aparece na estrutura de um jogo relacional que chama de "duplo vínculo". O duplo vínculo ocorre quando há duas comunicações contraditórias entre si em diferentes níveis lógicos. Estabelece-se uma espécie de relação paradoxal: "Você não deveria fazer isso, mas ei, você decide!"; aliada à impossibilidade de esclarecimento da situação. Se acrescentarmos a isso que a pessoa sente aceitação e rejeição em tais mensagens, ela expressa seu mal-estar com a confusão de identidade. Porém, o fator que ativa o mal-estar é que a pessoa se sente presa no relacionamento, nenhuma saída digna é visível, apenas através do sintoma. É por isso que o cenário completo do duplo vínculo é colorido por um jogo de poder emocional encoberto que prende seus atores. Essas são as primeiras abordagens clínicas sistêmicas sobre o poder.

Simetria e complementariedade como forma de comunicação implícita nas relações familiares

Na mesma publicação, Bateson (1991), e posteriormente Watzlawick, Beavin e Jackson (1997) em seu emblemático livro *Teoría de la comunicación humana*, propõem cinco axiomas como matriz relacional a partir da qual a sintomatologia é analisada. Um desses axiomas é sobre o poder, onde apontam que em toda relação existe implicitamente um tipo de força entre seus membros, que são simétricas ou complementares. A primeira é quando os membros são semelhantes, mas têm orientação diferente, enquanto na complementaridade, membros diferentes se ajustam reciprocamente. Essa dimensão do poder tem sido um eixo substancial para o reconhecimento de forças estruturais implícitas, tais como papéis e hierarquias pré-estabelecidas nos padrões dos membros da família. Olhando para o abuso em um casal, podem distinguir-se dois tipos, um enquadrado na complementaridade, onde quem tem mais poder subjuga facilmente quem tem menos poder, enquanto, em uma luta simétrica, ambas as pessoas se maltratam sem ceder.

Os ensinamentos de Haley sobre poder e organização em torno da sintomatologia

Mais tarde, foi Jay Haley (1985) quem incorporou explicitamente o poder para compreender a sintomatologia. Haley começa apontando que o poder e a organização de qualquer grupo humano andam juntos, toda organização forma:

> [...] uma escala de *status* ou poder em cada um dos membros da organização ocupa um lugar na hierarquia devido às diferentes funções a serem desempenhadas, a existência de uma ordem hierárquica é inevitável porque está na própria natureza da organização. (p. 93).

Esclarece que essa ordenação hierárquica não é natural, mas social, por isso não deve ser considerada uma ordem inquestionável. A hipótese a partir da qual Haley parte é que:

> [...] as manifestações do sintoma por um indivíduo são um sinal de que a organização em que vive possui uma ordem hierárquica confusa, talvez seja tão ambígua que ninguém saiba quem é seu par e quem é seu superior, talvez um membro que ocupe um determinado nível hierárquico insista em formar uma coalizão contra um de seus pares com outro membro de nível diferente, violando, assim, as regras básicas de qualquer organização. (p. 95).

Haley, assim como Bowen (1991), menciona que a luta entre duas pessoas pela hierarquia está imersa em um jogo triangular por exemplo, uma avó que se alia à neta contra a mãe, tirando dela o poder sobre a filha.

A partir dessa perspectiva triangular, Haley salienta que as relações de poder e as hierarquias que existem em uma família são mantidas por todos os membros. Continuando com o exemplo, o pai da filha, o filho da avó, também deve ficar visível, para se ter o quadro completo. Este jogo de poder não é estático nem equilibrado. Está flutuante, entre situações simétricas e complementares, e, por vezes, com uma aparente paz e tranquilidade relacional; porém, para avaliar quem tem mais poder e controle do relacionamento, é necessário explorar os padrões recorrentes do início ao fim, em um determinado período, onde se podem apreciar as táticas e ações da luta pelo poder entre os membros e, ao final, saber quem triunfa sobre o outro.

Lealdades invisíveis como organização das relações de poder na família

Outros autores emblemáticos da terapia familiar sistêmica que têm como foco o poder e as emoções são Ivan Boszormenyi-Nagy e Geraldine M. Spark (2000). Em seu emblemático livro, *Lealtades invisibles* (*Lealdade invisíveis* — sem tradução no Brasil), partem da crença de que as famílias estão organizadas em torno de lealdades encobertas, o que pode interferir na saúde de alguns de seus membros. A lealdade refere-se à existência de expectativas familiares estruturadas, em relação às quais todos os membros assumem um compromisso. Para esses autores, os compromissos de lealdade são como fibras invisíveis, mas resistentes, que unem fragmentos complexos de conduta relacional. Ou seja, a lealdade se constrói a partir da educação, os pais ensinam, gerando compromissos, e o filho passa a ser devedor. As crianças têm que pagar a sua dívida, satisfazendo as expectativas, e esta é, ao mesmo tempo, uma forma de transmitir esses ensinamentos aos seus próprios filhos. Cada ato de compensação de uma obrigação recíproca aumentará o nível de lealdade e confiança dentro do relacionamento (Boszormenyi-Nagy & Spark, 2000).

As lealdades são exercidas através de alinhamentos, divisões, alianças, triangulações e formações de subgrupos. É por isso que a lealdade é uma tática sutil de poder nas famílias e nas organizações. E isso acontece por coerção externa, por sentimento de pertencimento ou obrigação, embora reconheçam que a estratégia mais eficaz para que a lealdade esteja presente é o reconhecimento de interesses partilhados e a gratidão.

Esses alinhamentos muitas vezes funcionam de forma sistêmica, principalmente quando um membro não atende às expectativas da família. Tomam-se estratégias triangulares para pressionar a pessoa a corrigir seu rumo e agir como o grupo espera que ela aja. O grupo agirá rapidamente diante de qualquer ameaça de ruptura com as expectativas da família, pois isso coloca em risco o aparente equilíbrio da família. Por exemplo, *como você é rude com minha mãe, ela só te pede uma coisa e você não está disposto a ceder, depois de todo o sacrifício que ela faz por nós!*. São até mesmo lealdades intergeracionais, herdadas de forma triangular, por exemplo: a criança inconscientemente parentalizada pode ser usada para acertar, ainda que tardiamente, as contas dos seus pais com os seus próprios pais (Boszormenyi-Nagy & Spark, 2000).

Para esses autores, as lealdades podem interferir na autonomia e na liberdade de um de seus membros, que fica preso entre a culpa ou a independência emocional. *Não posso deixar minha mãe sozinha, tenho uma dívida de vida com ela! Me sinto culpado por ter tido sucesso, ninguém da minha família chegou até aqui! Eu não gosto das minhas conquistas!* Nesse sentido, o poder perdura e se manifesta no simbolismo da lealdade.

As forças sociossimbólicas e as táticas do poder

Às explicações clínicas sistêmicas sobre o poder e a sua interferência no bem-estar, propõe-se integrar a sociologia do poder, com o propósito de tornar visíveis as forças sociossimbólicas e tácitas do poder implícitas na interação familiar. E, com isso, situar o poder em uma possível dimensão estrutural. Para isso, utilizamos as contribuições teóricas de Bakunin (1900), Bourdieu (1991, 1999, 2006), Foucault (2020), Byung-Chul Han (2016) e Crozier e Friedberg (1990).

Apresentaremos uma definição provisória de poder que será inserida no conteúdo desta seção. O poder é uma relação de força associada a um conjunto de crenças e práticas que os atores impõem ou se autoimpõem de forma acrítica, ordenando um determinado universo e constituindo um contexto que é visto como evidente e inevitável.

Foucault (2012) destaca que o poder não se manifesta de uma forma única, mas de formas diversas. O poder, mesmo que possa servir para fins extremamente perversos ou louváveis do ponto de vista moral, não é mau nem bom em si mesmo. É expresso e exercido através de técnicas e de acordo com seus propósitos, podendo gerar bem-estar ou mal-estar. E, dependendo dos contextos, a natureza do poder será diferente.

Por exemplo, na clínica encontramos explicações ou justificativas que os próprios atores dão para seus comportamentos. Tive que trancar minha filha para ela não sair com aquele homem que poderia machucá-la! Ele só cala a boca se eu bater nele! Eu não tinha outro recurso, senão meus filhos, para confrontar meu marido! Tenho consciência de que errei, mas estou em paz com Deus e com minha consciência! Sacrifiquei toda a minha vida pelos meus filhos! Todas essas explicações que justificam o uso do poder através do abuso e até do autoabuso estão enquadradas numa cultura simbólica que deve ser explorada em conjunto com os clientes. Nessa perspectiva, os padrões relacionais e as explicações inerentes às suas ações são analisados a partir da consciência dos sistemas de sistemas, do simbolismo estrutural que interfere no diálogo solidário familiar.

O simbolismo multifacetado (polifacético) do poder

A psicoterapia familiar é um cenário empírico excepcional, a partir do qual as formas sociossimbólicas de poder podem ser exploradas e pesquisadas. A partir das práticas e experiências das relações familiares, serão mostradas as crenças, táticas e efeitos do poder. Porém, para isso, é necessário recorrer à sociologia do poder, pois ela nos fornece um rico mapa conceitual que nos permite reconhecer a complexidade de terceira ordem deste fenômeno.

As táticas do poder: do fundamentalismo à amabilidade

Grande parte da população mundial concede poder a um objeto, a uma crença ou a um indivíduo, seu simbolismo é carregado de verdades irrefutáveis, dando poder a uma força externa para determinar seu bem-estar ou mal-estar. Santillana (2005) refere que esse tipo de poder é fetichista ou representacionista. Quem assume o poder dessa forma se exime de responsabilidade, suas crenças justificam qualquer abuso que restrinja a liberdade de outros e de si mesmo. A esse respeito, Cecchin, Lane e Ray (2011) apontam: "a lealdade excessiva a uma ideia específica faz com que a pessoa não seja responsável pelas consequências morais inerentes a ela" (p. 26). Diante disso, alguns grupos deliberadamente geram fetiches ou usam essas crenças para manipular as pessoas. Esse tipo de poder é comum em sociedades ou famílias conservadoras. As táticas usadas são do tipo mítico, persuasivo, manipulativo e coercitivo. As patologias estruturais — patriarcado, classismo, racismo e hiperconsumismo —, que mencionamos anteriormente, são um bom exemplo dessa forma de poder que delineia estilos de vida e traz consequências à saúde das pessoas. Desde a Idade Média até nosso tempo, na segunda década do século XXI, como é possível que essas táticas de poder continuem vigentes?

Nas últimas décadas, nas sociedades democráticas governadas por uma técnica de mercado mais sofisticada, foram geradas novas técnicas de poder cuja estratégia para atingir esse nível de força e domínio é a "amabilidade".

O poder contemporâneo é persuasivo, extremamente gentil, sedutor, tenaz e constante: não insulta, silencia ou ataca se você não concorda em primeira instância. Trabalha com paciência e com argumentos construídos sob os critérios de uma arquitetura com andaimes, sempre com uma gentileza enganosa. Ou seja, persuade com uma técnica furtiva, para convencer. O resultado disso é que quem é persuadido se tornará um operador do poder, não apenas para si mesmo, mas também para os outros, exercendo o poder com lealdade. Por exemplo, nas narrativas da família patriarcal, o controle se disfarça de amor, proteção, acompanhamento, lealdade e apoio incondicional.

O poder que se mostra com maior força é aquele em que as pessoas se sentem livres para decidir, sem coerção aparente. Han (2016) chama isso de poder orgânico, no sentido de que vive e se reproduz de dentro, toma vida e ação dentro do grupo que decide, escolhe, negocia e luta pelo que o soberano gostaria que fosse feito. Existem, inclusive, contribuições internas no grupo para que isso aconteça. Ele se alimenta de suas próprias decisões. Por exemplo, é comum que a família patriarcal seja defendida por homens e mulheres, e, diante de um pai autoritário, a mãe pode constantemente justificar as ações dele aos filhos e filhas, "ele faz isso porque nos ama, é para cuidar de nós". Em outras palavras, os súditos adquirem sua própria autonomia e vigiam a dos outros, sem saber que essa é a vontade da mitologia.

Han (2016) esclarece que:

> [...] o poder como coerção e o poder amável não são diferentes. Eles diferem apenas quanto ao grau de intermediação [...]. Uma intermediação pobre gera coerção. Em uma intermediação máxima, o poder e a liberdade [...] estão presentes quando o poder é estável ao máximo. (pp. 37-38).

Essa distinção é fundamental no campo clínico, onde se observa que o controle sublime não ocorre apenas no seio da família, mas também na comunidade a qual pertence. Ou seja, existe um pacto cultural.

O poder simbólico de Bourdieu: obediência civil

Por outro lado, Bourdieu (1991) lembra que todas as formas de poder incluem uma qualidade simbólica; sua pesquisa parte da questão: como é que as pessoas aderem facilmente e sem resistência à ordem do mundo?

> Nunca deixei de me surpreender [...] pelo fato de a ordem estabelecida, com as suas relações de dominação, os seus direitos e prerrogativas, os seus privilégios e injustiças, ser tão facilmente perpetuada, salvo alguns incidentes históricos, e que as mais intoleráveis condições de existência podem parecer muitas vezes aceitáveis e até naturais. (Bourdieu, 2006, p. 21).

Bourdieu denomina esse fenômeno "obediência civil". Para Bourdieu (1999), "o poder sempre tem uma dimensão simbólica" (p. 7). Ou seja, todo ato de poder, mesmo que se mostre explicitamente como uma imposição, e mesmo que seja percebido como injusto pela pessoa ou pela sociedade, perdura porque está revestido de simbolismo. "A pura imposição de uma relação de força é sempre acompanhada e justificada por uma relação de sentido". (Chevallier & Chauviré, 2011, p. 142). Em outras palavras, o poder opositivo é socialmente legitimado pelo do reconhecimento tácito e explícito de toda uma comunidade. Embora valha a pena esclarecer que o maior poder é aquele que se pratica tacitamente.

Por exemplo, uma mãe que controla o modo de vestir da filha, diante de um gesto de desaprovação, está imbuída de um significado: *tem o objetivo de protegê-la de um possível abuso na rua.* Se a garota resistir, será lembrada das premissas do cuidado do patriarcado para que compreenda o significado do seu controle. Nesse caso, a dominante, a mãe, reconhece-se como tal sobre a filha, e, ao mesmo tempo, é legitimada como tal pelos outros. A mãe é reconhecida como uma "boa" mãe pela cultura patriarcal, como aquela que cuida e acompanha a filha. E a filha finalmente participará da ordem pré-estabelecida, sendo reconhecida como uma "boa" filha. É uma rede de reconhecimentos e cumplicidades impregnada de uma cultura que valida e dá sentido ao poder, nesse caso, ao patriarcado. Tudo se organiza em torno do que Bourdieu (2006) chama de *doxa*:

> [...] conjunto de crenças, associado à ordem das coisas, característico de um determinado universo social, que se impõe, de forma pré-re-

> flexiva e, portanto, indiscutível, como evidente e inevitável [...] é uma adesão acrítica a pressupostos [culturais] [...] todos concordam e não se fala sobre isso [...] [é um tipo] de fé prática. (Chevallier & Chauviré, 2011, pp. 69-79).

Com isso, Bourdieu (1991) evita separar o poder do conhecimento e a violência do sentido.

Bourdieu (1991) destaca que o poder penetra silenciosamente na vida cotidiana a partir do mais banal. Expressões como "sentar direito", "segurar bem a caneta para escrever", "não falar de boca cheia", "não interromper", até mesmo com afirmações de reconhecimento por meio de gestos, tapinhas nas costas e abraços. Bourdieu (1991) nos faz ver que o poder simbólico se dá com maior força através do corpo e das emoções. E é aí que penetra na coletividade e na identidade. Em outras palavras, a estrutura não é algo externo aos sujeitos, mas opera na vida cotidiana. A própria sociedade — incluindo os círculos mais íntimos como a família e os amigos — tornou-se vigilante ativa da ordem estabelecida pelo poder. Utiliza estratégias micropolítico-emocionais (Pakman, 2020a) de submissão, como ignorar, excluir, rejeitar, maltratar, reprimir etc. (Han, 2016, 2017; Foucault, 2020). Essa micropolítica relacional leva à ruptura do diálogo solidário. É nesses cenários socioemocionais que o poder da injustiça aparece e a resistência é subjugada com maior força. Tudo isso gera um universo de sentimentos pessoais e coletivos de culpa, derrota, desesperança e resignação.

A complexidade do poder que se enquadra entre a obediência tácita, a aceitação e a liberdade é complementada por uma análise sistêmica que nos permite visualizar a organização social onde o poder se constitui e detectar exatamente quem são os intermediários ou atores que participam mais ativamente na perpetuação do poder. A terapia familiar crítica de terceira ordem utiliza essa visão binocular, que permitirá navegar, junto com os clientes, na complexidade do poder e sua correlação com o mal-estar ou o bem-estar. Sobre as táticas de poder às quais nos referimos, é necessário conhecer o simbolismo que dá sentido a elas. É a partir daí que funciona a terapia familiar de terceira ordem.

Como desativar o poder que maltrata na psicoterapia e convertê-lo em força de bem-estar?

A redefinição do poder como recurso libertador

O trabalho clínico da terapia familiar de terceira ordem concentra-se em conscientizar os clientes do simbolismo estrutural que se manifesta por meio de táticas de poder — abuso e exclusão —, nas quais eles próprios participam acriticamente. Para isso, em princípio, é necessário reconhecer os atores que participam de tal simbolismo e prática. A esse respeito, Santillana (2005) menciona que o poder "é uma forma de relação, porque, embora possa ter múltiplas expressões particulares, nunca abandona a racionalidade estratégica que lhe permite articular as ações dos indivíduos" (Santillana, 2005, p. 3). Nesse sentido, o poder é de natureza social, conscientemente partilhado e, ao mesmo tempo, reconstruído.

Sobre isso, Byung-Chul Han (2016) aponta que o poder é interdependente; ninguém alcança o poder sem alianças e, consequentemente, são necessários outros para que esse fenômeno apareça:

> [...] se o eu requer a colaboração do outro, então surge uma dependência do eu em relação ao outro. O poder como relação gera uma reflexão mais profunda, onde agressor e vítima tomam consciência de que ambos participam da técnica para constituir o poder, reconhecem-se como corresponsáveis pela sua constituição. (p. 33).

Nesse sentido, Crozier e Friedberg (1990) apontam que o poder é um ato recíproco, embora esclareçam que é um fato relacional ligado a um objetivo. Alguém tem poder em determinadas coisas, mas não em relação a outras, embora haja sempre a consciência de que, quando for exercido, terá consequências sistêmicas.

Ter consciência de que o poder é de natureza social desativa qualquer estratégia de manipulação fundamentalista, e aqueles que participam na sua construção assumem a responsabilidade pelas suas consequências.

Os jogos de poder baseados na natureza social e nas táticas de bondade levam a outro nível de complexidade. Santillana (2005) descreve metaforicamente esse poder como artístico, para salientar que esse poder se centra no reconhecimento do outro através da técnica de sedução; é privilegiado no continente e não no conteúdo. Santillana (2005) chama isso — repetimos — de "poder artístico", porque é como o artista que demonstra uma sedução revestida de reconhecimento aos outros através de sua obra. Santillana (2005) enfatiza que:

> [...] a sedução é um jogo de aceitação e resistência, mas sempre deixando ao outro a possibilidade de jogar. Ou seja, a expressão artística do poder deleita-se com a forma que adquirem sobre os outros a aceitação e a resistência. Não é a mesma coisa um professor impor uma leitura, mas sugeri-la, assumi-la, oferecê-la de forma sutil. E é na forma como os alunos aceitam ou resistem que a expressão artística do poder pode ser contemplada. A expressão artística do poder vai além da crua dicotomia meios-fins, pois a força sedutora do poder permite que os meios se tornem fins, mesmo que efêmeros. (p. 5).

É por isso que, face a essas novas técnicas, o poder torna-se "um jogo de forças e seduções, um jogo de império e de resistência, em que cada polo da relação pode mudar de posição de um momento para o outro" (Santillana, 2005, p. 5). Foucault (1994) exemplifica isso nas relações amorosas: "exercer o poder sobre o outro, numa espécie de jogo estratégico aberto em que as coisas poderiam ser revertidas [...] isso faz parte do amor, da paixão, do prazer sexual" (p. 138). Ou na criação, em que filhos e filhas são educados para que decidam livremente quando se tornarem adultos, uma estratégia que inverte uma complexidade onde o poder é partilhado.

Essa forma de poder é um jogo aberto, "quem é seduzido sabe que está sendo seduzido e se deixa apanhar [...]. Capturar com estilo: esta é a liberdade que caracteriza a expressão artística do poder" (Santillana, 2005, p. 5). Esse tipo de poder é observado em novos casais, os quais concordam explicitamente com as regras do relacionamento, e uma dessas regras é a de que podem alterá-las a qualquer momento, estar juntos é um ato de liberdade e não uma obrigação.

Diante disso, adotamos a definição de poder de Santillana (2005): "poder é aquela lacuna na qual as liberdades são reconhecidas e exercidas" (p. 6).

Os efeitos do poder na intersubjetividade e na identidade

Se o poder for de natureza sociossimbólica e se materializar em interações, isso terá impacto na formação do eu. A esse respeito, Santillana (2005) aponta o seguinte: "o poder afirma o eu na sua ligação com os outros. A intersubjetividade torna-se o *a priori* da expressão do poder" (p. 5).

Han (2016) menciona que "o poder permite ao eu continuar no outro, ver-se no outro. O poder proporciona ao eu uma continuidade ininterrupta de si mesmo. O prazer que o poder proporciona baseia-se nesse sentimento de continuidade do *eu*" (p. 36).

Essa ideia leva a reconhecer o papel crucial que o poder desempenha na constituição de identidades e de pertencimento a grupos. Por isso não é fácil desenraizar o poder, como acontece com as patologias estruturais anteriormente referidas, porque significa revelar-se a si mesmo e ao grupo a que pertence, tema que será abordado mais adiante.

Capítulo 7

A resistência como recurso para enfrentar o poder: da biologia ao contexto social

A resistência como recurso para enfrentar o poder: da biologia ao contexto social

A resistência é outro dos temas fundamentais da terapia familiar crítica de terceira ordem, que se funde no campo do poder. A resistência é um ato de enfrentamento daquelas pessoas que restringem a vida, impondo um sentido relacional que limita as liberdades de alguns membros. Esta seção defende que a resistência, a rebelião ou a desobediência são o contexto empírico para compreender com maior certeza as táticas de poder, as pessoas envolvidas e o simbolismo que as subjuga, por isso é utilizado como recurso clínico que permite metodologicamente situar e explicitar o poder para colocá-lo no âmbito da negociação aberta.

A resistência biológica

Darwin — em sua obra *Seleção Natural* — (Eldredge, 2009), baseia o processo evolutivo das espécies na resistência dos organismos vivos. Ou seja, um organismo mostra sua resistência ao contexto quando muda, quando se torna algo diferente do que era. Isso é o que Darwin chama de evolução. Essa mudança do organismo também acontece no contexto onde vive, sua transformação impacta outros organismos, e, com isso, o meio ambiente. Ou seja, estabelece-se um tipo de coevolução sistêmica. Cabe acrescentar que as resistências aparecem por ameaças contextuais, que colocam em risco a sobrevivência do organismo.

É precisamente a resistência ao contexto que permite a mudança, e não a adaptação. (Rodríguez, 2011).

Os biólogos distinguem dois tipos de resistência: a natural e a adquirida. A primeira está na própria estrutura do organismo que resiste aos embates do contexto. Por outro lado, existe a resistência adquirida, que é imprevisível e está presente em determinadas espécies ou cepas, muda aleatoriamente, é uma espécie de "seleção positiva darwiniana" (Eldredge, 2009). As atuais teorias neodarwinistas descobriram que existem "resíduos de DNA que transportam genes de resistência" em alguns organismos.

Por essa razão, pode-se dizer que a resistência, como qualidade dos organismos, é em princípio biológico. "A evolução favoreceu o desenvolvimento de genes de resistência [...] e há evidências de que esses genes de resistência chegaram até nós" (Rodríguez, 2011). Ou seja, a resistência e a mudança nos seres humanos são, fundamentalmente, de origem biológica.

A resistência psicossocial

Bakunin (1900) menciona que o ser humano foi emancipado, no sentido de que se separou da animalidade através de atos de "desobediência". Ou seja, o ser humano evolui e muda por meio da rebeldia. Para Bakunin, o caminho para a liberdade é rebelar-se contra o poder normalizado e legalmente estabelecido, uma condição que se estende a todos os contextos.

Porém, nos humanos, a resistência tem uma complexidade maior do que a dos organismos. Além de termos uma condição biológica devido à nossa própria herança filogenética, paradoxalmente nós mesmos somos os predadores, os criadores das ideologias, das *doxas* e das práticas de extermínio e subjugação. É possível dizer que é uma luta entre nós mesmos.

Bakunin (1900) ressalta que a desobediência não é um ato insensato ou impulsivo, mas é bem fundamentado e organizado, pois enfrentará um poder fechado que se baseia em crenças e valores de verdade absoluta, legitimados pela autoridade, onde se impõe uma normalidade, recompensando quem segue as regras e punindo, maltratando ou excluindo quem tenta se rebelar. Ou seja, enfrentarão a "autoridade", um poder simbólico.

Por outro lado, Foucault (2020) propõe estudar o poder que exclui, maltrata e constrange a liberdade não a partir de uma posição de especialista, mas a partir da própria experiência dos atores que resistem a esta forma de poder. A resistência torna-se um campo empírico a partir do qual serão conhecidos os propósitos, os intermediários e as técnicas do poder. Em palavras clínicas, o poder será revisto a partir da sintomatologia, onde o corpo e a psique mostram sua resistência e tornam visíveis, veladamente, o poder e o simbolismo que maltrata.

Para exemplificar os temas discutidos anteriormente e o tema da resistência, apresentaremos um caso clínico.

O caso das "mil virgens" (primeira parte)[1]

Juan – um homem de 47 anos – liga para a clínica para marcar uma consulta. Ele ressalta que sua filha Paty, de 21 anos, tem comportamento rebelde. As coisas estão fora de controle porque, existindo a regra de não sair

[1] A família aqui analisada assinou consentimento para que o caso fosse publicado, resguardando sua identidade, portanto, foram alterados nomes, idades e demais dados que permitissem sua identificação.

depois das 22h, ela o desafia, fugindo pela janela para conviver com um grupo de "preguiçosos e alcoólatras" do bairro onde mora. Toda a família é convidada a frequentar a terapia, de forma a compreender e apoiar a resolução do problema.

Na primeira sessão comparecem Juan, o pai, de 47 anos; a mãe, de 45 anos; Paty, a filha de 21 anos; Maria, de 18 anos; e Lupita, de 15 anos.

Fazemos as apresentações e exploramos o genograma familiar e o estilo de vida da família. Em termos gerais, é uma família de classe alta, muito religiosa e com valores patriarcais interiorizados.

Depois, perguntamos qual era o motivo da consulta. O pai toma a palavra e fala que tem graves problemas com sua filha mais velha, que o desobedece e o desafia. Está preocupado principalmente porque Paty sai sem permissão pela janela para sair com o namorado. Perguntamos ao pai qual era sua preocupação.

Ele diz que Paty sai com um tipo imprestável da cidade, um vagabundo que fica todas as noites na rua bebendo álcool.

Paty responde que não conhece essa pessoa e que seu pai não gostou de nenhum de seus pretendentes. Que ela agora é uma mulher adulta e que toma suas decisões.

A mãe não fala nada, apenas permanece calada.

Perguntamos ao pai o que o preocupa naquele homem com quem sua filha está namorando.

Ele ressalta que tem medo de que Paty engravide, que ela tome decisões erradas neste momento de sua vida, pois a cidade está cheia de homens maus que abusam de meninas.

A terapeuta pergunta aos pais se eles falaram abertamente sobre os cuidados que devem ter para evitar engravidar e se proteger de uma doença venérea.

Juan responde rapidamente que não entendemos bem a situação, salientando que só existem "mil virgens" no mundo, e que todas pertencem ao seu povo, incluindo as suas filhas.

Que metáfora para descrever sua filha e suas crenças!

Essa família mora em uma cidade de no máximo duzentos mil habitantes, que se destaca por ser uma comunidade altamente conservadora e religiosa.

Após a resposta do pai, a filha, menor de 15 anos, Lupita, ressalta que sabe sim se cuidar; que a melhor forma de fazer sexo é com amor, respeito e camisinha.

Não só o pai, mas todos nós ficamos impávidos com a resposta, particularmente nós, pela resposta brilhante e inesperada.

Diante disso, pedimos a Lupita que repetisse sua resposta, e ela o fez. Demos muito poder à sua forma de responder, com esse tipo de considerações, sobretudo pelo valor de dizer tudo isso em um contexto em que o pai reclamava da rebeldia de Paty. Foi um claro movimento de apoio à irmã Paty.

Respondemos imediatamente para relaxar a situação, fazendo uma devolutiva com conotações de inteligência e entendemos que, mesmo que seus pais não tivessem falado explicitamente do tema com elas, via-se que eram mulheres bem-educadas, com grande senso de responsabilidade e cuidado. Certamente aprenderam isso com seus pais. Isso acalmou a tensão que a sessão havia gerado.

Chamava a atenção o fato de a mãe continuar calada e inexpressiva. Perguntamos a Estela como ela estava.

Ela respondeu que estava melhor, que havia passado por um período difícil de depressão, mas que, havia vários meses, sentia que estava se recuperando, mesmo que seu tom de voz e expressão corporal mostrassem o contrário.

Perguntamos de que estava melhor. A sessão ficou tensa novamente, sobretudo o pai, que ficou inquieto. Estela, a mãe, se recusou a responder.

Entendemos que era um tema tabu ou difícil de ser explicitado no momento. Continuamos conversando mais quinze minutos com as filhas, na presença dos pais, com a intenção de avaliar seu estado, particularmente o de Paty, apontada como a paciente em questão. Quais são as razões para sair pela janela para encontrar o namorado e como se sente nessa situação. Não observamos nenhum sintoma alarmante, simplesmente uma briga simétrica peculiar entre um pai autoritário-controlador, com uma preocupação legítima quando levamos em conta suas crenças, e sua filha adulta, que está defendendo sua autonomia e identidade. Exploramos como são suas atitudes quando sai com os amigos, quais atividades fazem em grupo e avaliamos seu rendimento escolar e suas responsabilidades em casa. Essa breve, mas profunda, conversa diante dos pais tranquilizou especialmente o chefe da família.

Durante essa breve exploração, não vimos nenhum tipo de problema preocupante com Paty; seus argumentos eram firmes, com um alto nível de maturidade e autocuidado.

O caso das "mil virgens" (segunda parte)

Pedimos às meninas que saíssem da sala para que nos deixassem conversar com seus pais.

Sozinhos com os pais, pedimos a Estela, a mãe, que nos explicasse o que aconteceu que a levou a ficar deprimida e medicada durante quase um ano.

Juan imediatamente se manifestou e disse em tom ansioso que o problema já havia sido resolvido e que já havia se desculpado inúmeras vezes.

Estela não diz nada, e Juan responde que, há um ano, tinha uma empresa na cidade e que infelizmente o diabo o tentou e ele teve uma relação amorosa que durou mais de um ano com a secretária. Ele acrescenta que sua esposa descobriu e eles tiveram um desentendimento muito forte, a ponto de ele ter que sair de casa, e que pôde voltar, desde que tivesse resolvido aquela situação. Juan ressalta que assim o fez, e nunca mais teve contato com aquela mulher; até fechou sua empresa. Desde então, não sai sozinho, está sempre acompanhado da esposa e lamenta profundamente o seu ato desonroso. Juan estava desesperado porque sentia que Estela não o havia perdoado completamente.

As resistências são práticas excepcionais que evidenciam o poder e o cenário que o opera, principalmente aqueles que são intermediários da autoridade, que utilizam uma infinidade de práticas persuasivas. Nesse caso, Paty estava resistindo não só ao seu pai, mas a um poder invisível, mas pragmático, que operava na sua família e interferia na sua liberdade e bem-estar.

Outro aspecto a ter em conta é que o poder não está aninhado em uma pessoa, mas sim no modo de vida da família, na cultura com a qual se identifica, por isso existem diversas formas e frentes de submissão que aniquilam qualquer rebelião explícita. Embora deva ser destacado que, por termos o gene de resistência, ao qual nos referimos anteriormente, essa resistência se manifesta por meio do corpo e da psique, ou seja, através da sintomatologia. Isto é, o corpo se rebela e expressará com força alguns sintomas comuns como depressão, ansiedade, abuso de substâncias ou álcool etc., que provavelmente é o que acontece com Estela, mãe de Paty.

Para enfrentar o contexto subjugador com maior poder, é necessário transformar a resistência passiva em resistência ativa. A resistência passiva se manifesta por meio do sintoma, é uma oposição velada que interfere no bem-estar da pessoa, que está ligada a um jogo simbólico de poder familiar dissimulado. Por outro lado, a resistência ativa está ampliando a consciência de quem se reconhece em relação aos outros, levando a resistir ao poder com outras táticas (Medina, 2018a). A resistência ativa é aleatória, exploratória e consciente e não só enfrenta com sucesso o contexto, mas também gera uma mudança qualitativa ou evolutiva na pessoa e, portanto, uma mudança familiar de segunda ordem.

Acrescenta-se que existem outras formas de resistência no contexto; sempre há expressões de resistência, embora elas não tenham força suficiente para enfrentar as adversidades. Vozes divergentes isoladas, fragmentadas em indivíduos únicos, silenciadas pelo medo e submetidas ao silêncio, vozes que devem ser visíveis, pessoas com nomes e sobrenomes que devem ser reconhecidos, é a outra rede social, a partir da qual a resistência se mostrará com maior força.

O caso das "mil virgens" (terceira parte)

> *Com essa história encerramos a primeira parte da sessão e fizemos uma pausa para uma conversa entre mim e meu coterapeuta. Sabíamos que o problema estrutural estava enquadrado por uma cultura patriarcal, uma família que a praticou tacitamente durante várias gerações, assumindo-a como boa, e que, face aos novos tempos, especialmente às mudanças substanciais das mulheres, vê ser necessário repensar tal cultura. A resistência de Paty e Estela é exibida, e é revelada abertamente, porém, o pai não consegue perceber que sua filha está se rebelando a partir de um modo de vida baseado no patriarcado; ele entende isso, a partir de seu simbolismo, como uma grave ofensa à sua autoridade paterna. E ele assume a infidelidade como apenas mais um evento no roteiro que deve seguir. A sua existência como homem depende de tal cultura, por isso não é fácil para o pai e marido ver o contexto da produção dos seus atos, pois implicará rever a si mesmo.*

A complexidade de confrontar a autoridade por meio da resistência reside no fato de a autoridade não ser facilmente demonstrada, como foi analisado anteriormente com o tema do poder. Bakunin (1900) e Bourdieu (1991) alertam que não é tão fácil perceber o poder que maltrata, porque ele não está fora de nós. Portanto, não é fácil rebelar-se contra o poder, não só porque é proibido rebelar-se, principalmente porque a autoridade é invisível, aninhada em uma narrativa indiscutível de verdades no mundo físico e social.

> Não podemos desobedecê-los, pois constituem a base e as próprias condições da nossa existência; nos cercam, nos penetram, regulam todos os nossos movimentos, os nossos pensamentos e as nossas ações; de modo que, mesmo quando queremos desobedecê-los, estamos apenas manifestando a sua onipotência. (Bakunin, 1900, p. 58).

Ou seja, a autoridade é demonstrada através da normalidade do ser e do fazer. É inerente a nós, constitui o nosso ser, a nossa própria identidade, tanto corporal, intelectual e moral; não vivemos, não respiramos, não agimos, não pensamos senão através disso. Não somos nada fora dela. É a *doxa* e o poder simbólico de Bourdieu (1991).

Para isso, Bakunin (1900) propõe um primeiro passo para iniciar uma rebelião bem-sucedida: pensar fora do *status quo*, fora das leis e crenças "naturais"; invocar um exercício de imaginação, porque o poder exercido por essas leis naturais, culturais, divinas ou legais fazem parte da identidade e da existência das pessoas. O mesmo autor apela sem medo à imaginação como manobra que permite à pessoa enganar os outros e a si mesma. Um jogo inusitado que põe em dúvida a única coisa que se sabe. Poderíamos, até aqui, reconhecer aqueles que se rebelaram, que em princípio poderiam ser classificados como loucos ou rebeldes por razões óbvias, e dotar o campo clínico de um poderoso recurso psicoterapêutico: convidar a imaginação ao confronto com o poder que maltrata. Bakunin (1900) acrescenta que outro ingrediente deve ser acrescentado para que a resistência tenha maior força: a razão crítica. Tema que será abordado posteriormente com profundidade.

O caso das "mil virgens" (quarta parte)

Durante o intervalo, comentei com meu coterapeuta que na cidade onde mora esta família nasceu um dos mais reconhecidos escritores da literatura mexicana, Agustín Yáñez, que escreveu o romance *Al filo del agua*, um texto que descreve os hábitos e costumes dos habitantes daquela região. Em particular, narra com precisão a cultura patriarcal e religiosa que permeia o cotidiano dessas comunidades. A sabedoria do romance foi utilizada na devolutiva para que pudesse se tornar visível criticamente, em um ato de imaginação.

> *Sentimos que havíamos feito uma boa aliança terapêutica com Juan, por isso ousamos desenhar um retorno provocativo para localizar o problema na cultura patriarcal e, sobretudo, evitar qualquer resistência à mudança, que consumiria muito tempo. Para tanto, utilizamos os ensinamentos e técnicas terapêuticas de Milton H. Erikson, aliados a um bom exercício de imaginação, para situar o problema em outra dimensão até agora não mencionada.*
>
> *Fizemos a devolutiva em duas partes, a primeira, só com os pais, e depois, com toda a família.*

Entramos novamente, apenas com os pais. Havia um silêncio incômodo na sala. Inicialmente, fizemos um retorno conotando positivamente sua preocupação com o relacionamento com a filha. Fizemos com que eles vissem que percebíamos que eles eram bons pais, que diante do problema com a filha mais velha, procuraram terapia imediatamente, e nem toda família faz isso, ou seja, vieram para resolver e evitar um problema maior. Sentimos que os corpos relaxaram e o clima terapêutico foi restaurado.

Em seguida, dissemos ao Juan que tínhamos duas hipóteses sobre o problema e ele imediatamente perguntou: "O que minha filha tem?". Nós o acalmamos, ressaltando que o que íamos contar a ele tinha mais a ver com o relacionamento deles, não com a filha, que o que tínhamos eram simples conjecturas e que eles iriam nos ajudar a contrastá-las, expandi-las ou gerar uma nova alternativa.

Perguntamos a Juan se ele conhecia o escritor Agustín Yáñez, que era de sua cidade e era uma figura importante no Estado. Ele dá sinal de que sim. A pergunta seguinte foi se ele já havia lido a obra de Al filo del agua e ele respondeu que não.

Foi explicado a ele que a obra retrata muito bem os costumes dos habitantes daquela zona do México, e em uma parte do texto, o autor relata que é muito comum os pais e até os irmãos mais velhos — se houver — ter ciúmes das filhas de forma violenta, perseguindo os namorados e ameaçando-os de morte caso continuassem a vê-las. O escritor relata que essa forma de ciúme mostrava que os pais, inconscientemente, queriam as filhas exclusivamente para si, quase invocando uma espécie de incesto.

Juan, com os olhos bem abertos, não conseguia acreditar em tal blasfêmia. Ele permaneceu em silêncio por meio minuto e então perguntou qual era o segundo palpite.

Dissemos a ele que se tratava simplesmente de um problema cultural, de um machismo muito difundido na cidade, e percebemos que ele participava abertamente dessa cultura. Isso o tornou uma pessoa muito rígida e com valores patriarcais, que certamente eram praticados em sua família há gerações, e isso causou desentendimentos com Paty e, certamente, com Estela também. Que foi necessário trabalhar esse aspecto, para restaurar o amor e o diálogo na família, que já esteve várias vezes à beira de se desintegrar, um diálogo amoroso, que permite estabelecer novas bases para se relacionar melhor entre ele e Paty e assim por diante. Que nesta fase ambos os pais, e principalmente ele, sejam *uma figura importante para que as suas filhas tenham as ferramentas para se cuidarem face ao mundo machista que tenta controlar as vontades das mulheres.*

Imediatamente, sem hesitar, Juan respondeu que esse era realmente o problema e que faria de bom grado todo o possível para enfrentá-lo, para melhorar seu relacionamento com sua filha e sua esposa.

Ele foi imediatamente levado à compreensão e levado a ver sua honestidade crítica consigo mesmo, e que esta era mais uma prova de amor por sua família.

Na segunda parte da devolutiva com toda a família, as filhas foram reconhecidas pelos seus valores de respeito e proteção, e anunciamos que o pai teve uma postura autocrítica e que ficaria feliz em trabalhar no problema. Foi pedido a elas que tivessem paciência com ele.

Nas sessões seguintes, a família foi chamada e dividimos as sessões sempre de forma estratégica, com o objetivo de dar espaço para todos: filha, pai, pais, apenas a mãe etc.

Em uma das sessões, pedimos a Juan que conhecesse o namorado de sua filha, que o convidasse para comer em sua casa. Isso tinha o objetivo de aproximá-lo do namorado da filha para confirmar ou refutar sua opinião sobre ele.

Juan aceitou a proposta, fez o convite, que se repetiu posteriormente, e o pai criou um bom vínculo com o garoto, desfazendo todos os preconceitos que tinha sobre ele. Na realidade, ele fazia uma projeção de si, de quando era mais jovem e um galanteador. Chegaram a convidar o namorado para viajar à Europa com a família. Criou-se uma bela amizade.

Depois de vários meses de sessões, um dia Juan parecia triste e decepcionado com Paty, perguntamos a ele o que havia acontecido e ele respondeu que sua filha havia terminado o relacionamento com o namorado. Ele tentou persuadi-la, salientando que o namorado era um bom homem.

Ao enfrentar essa situação, o fantasma do patriarcado volta a aparecer, e foi preciso apresentá-lo novamente e trabalhar sobre ele. Juan pôde compreender com clareza que estava interferindo na escolha de sua filha, anulando-a como uma pessoa capaz de tomar boas decisões. Isso ficou claro para ele, pois se desculpou com a filha e respeitou sua decisão.

É preciso ressaltar que foi preciso muito trabalho para Juan tirar de sua mentalidade a cultura sexista que vinha de gerações anteriores. Não foi fácil, mas seu melhor aliado foram as filhas e a esposa, que reconheceram que as mudanças, embora modestas, foram essenciais para continuar construindo uma nova subjetividade.

Estela teve espaço para falar sobre seu mal-estar. Ela se sentiu culpada pelo problema da infidelidade, sentiu-se decepcionada consigo mesma. Perguntamos sobre os eventos ocorridos e as pessoas que participaram dele.

Ela ressalta que, ao saber da infidelidade do marido e ao expulsá-lo de casa, teve fortes desentendimentos com sua família de origem, seus pais não a apoiaram, fizeram-na ver que o casamento é sagrado e para toda a vida, disseram que ela deveria enfrentar o problema pelo bem de suas filhas, e que uma mulher divorciada ou separada era uma vergonha para a família. Por outro lado, suas amigas também demonstraram discordância, e, sem dizer nada, excluíram-na de reuniões. Foi uma narrativa que levou Estela a recuar em sua decisão e a tentar resignar-se com a situação.

Mostramos a Estela que o que ela fez com Juan depois de saber de sua infidelidade foi uma resposta que a dignificou como mulher, estabeleceu limites claros para ele, e que ele respeitou. Porém, o problema não era apenas com o marido, mas com a família de origem e a comunidade a qual pertence.

Estela falou muito; foram realizadas várias sessões com ela, e foi reiterado, em todos os momentos, que era uma pessoa corajosa e que soube enfrentar o problema com dignidade, e que esse era um bom exemplo para as filhas. Depois de se tornar visível todo o contexto patriarcal que funcionava contra ela, e de ter suas ações validadas, ela soube impor limites inteligentes aos seus pais para defender a sua família e, sobretudo, a sua dignidade como mulher. Ela melhorou visivelmente e a depressão começou a desaparecer.

A loucura como ato de rebeldia frente ao poder simbólico

Diante desse panorama intersistêmico, pode-se compreender como certas condições intoleráveis de existência podem tantas vezes parecer aceitáveis e até naturais. Contudo, o corpo não pode ser enganado, por isso estabeleceremos uma conjectura conceitual: "loucura" é um ato de desobediência, razão pela qual a "autoridade" a desqualifica e desconfirma através do diagnóstico, e a sociedade a estigmatiza.

Foucault (2018) concorda com Bakunin (1900), apontando que existe toda uma organização para culturalizar as pessoas em determinadas ideologias e modos de vida, a fim de gerar subjetividades como modo e vínculos de obediência. Foucault (2018) chama isso de "pastoralização", embora Foucault acrescente que toda relação de poder tem possibilidade de resistência. Como vimos com Paty, uma resistência explícita, embora ainda passiva, porque não se dá pelo diálogo, mas por demandas; e a resistência de Estela, a mãe, mais encoberta, que não pode ser explicitada por vários motivos, mas o corpo resiste com profunda tristeza, e a psiquiatria reedita o seu sentimento para nomeá-lo depressão, e a intervenção para silenciá-lo é integrada ao diagnóstico. Portanto, o sintoma não desaparece, basta apenas ser controlado.

Diante disso, pode-se dizer que não é a genética, os neurônios, o indivíduo ou a família, a origem da loucura ou do mal-estar, mas sim o modo de vida enraizado em crenças inquestionáveis, o que Bourdieu (1991, 2006) chama de poder simbólico. Essas crenças são concebidas como naturais e juridicamente legítimas, monitoradas por uma autoridade divina, pelo Estado, pela própria ciência, pela família e pelos indivíduos, constituindo uma espécie de panóptico que Foucault (2018) torna visível. Diante disso, podemos estabelecer uma segunda conjectura: então os loucos não estão doentes, eles se revelam e desobedecem a quem justifica a "normalidade" do abuso, da violência, da exclusão, da segregação, do diagnóstico etc. Rebelam-se diante da hipocrisia coletiva. No caso das "mil virgens", há um pai que exerce um controle excessivo sobre as filhas, justificando o cuidado porque o mundo está cheio de homens maus, embora toda a família saiba que ele é um deles, que trai a esposa com outras mulheres, onde a família de origem e as amigas de Estela entram no jogo da hipocrisia. Diante disso, o corpo expressa sua discordância e rebelião por meio do sintoma, pois a entidade corpórea não pode ser enganada.

Em outras palavras, a resistência como recurso terapêutico desmonta o cliente e a família, pois continham o modo de ser que produzia o mal-estar — a sintomatologia —, eram intermediários de poder; a estrutura se mostrava em sua narrativa, em sua organização e autoconceito. A resistência ativa, como eixo da narrativa crítica, explicita o simbolismo e a rede de pessoas que agem cegamente em cumplicidade. É preciso reconhecer o jogo e os atores, para enfrentá-los com maior inteligência e poder.

O caso das "mil virgens" (quinta parte)

Ao final do processo terapêutico, Juan havia apresentado mudanças importantes em sua mentalidade machista, e, na prática, reconheceu a inteligência de suas filhas, além de, sobretudo, ampliar sua consciência, no sentido de se ver no contexto, na consequência e na responsabilidade. Isso gerou outro cenário pendente que ele ainda não havia finalizado: o problema que teve com a esposa.

O tema da infidelidade tinha sido trabalhado com Estela em paralelo, embora tenha sido dado espaço ao casal nas últimas sessões. Juan trabalhou o tema da infidelidade e pôde perceber que fazia parte do mesmo problema, do machismo internalizado. Reconheceu a sua imposição de um modo de vida, assumiu responsabilidades e gerou um diálogo mais honesto com Estela.

Na última sessão, ele se sentou na frente da esposa, segurou suas mãos, olhou-a nos olhos e pediu desculpas com lágrimas e em posição de absoluto respeito a ela. A esposa percebeu um arrependimento genuíno; ela reagiu e o abraçou.

Convidamos as filhas a entrar na sessão e perguntamos a Paty como ela estava; ela respondeu que estava muito bem, com planos de estudar no exterior. Como você vê seu pai nesse momento? Ela ressaltou que ele havia mudado muito, que se sentia muito próxima dele, mas sem invadir, que confiava nele, que respeitava suas decisões e agora tinha mais liberdade do que nunca. Essa foi a avaliação do processo terapêutico, nas palavras de Paty, mas sobretudo de seu pai, a quem ela confirmou estar trabalhando arduamente para gerar uma mudança honesta na exploração de outra subjetividade.

Resultados

O processo terapêutico gerou uma nova subjetivação sistêmica em Juan, Estela e Paty; eles pareciam e se sentiam diferentes. Observou-se também uma mudança de segunda ordem na família: eles se reuniram, voltaram a conversar, negociaram novas regras e hierarquias, em um contexto de respeito e apoio mútuo. Esse caminho foi possível por meio da consciência dos sistemas de sistemas, particularmente da cultura patriarcal que dividiu a família e quebrou o diálogo entre eles. A resistência produzida, primeiro por Estela e depois por Paty, foi utilizada como método de análise. Elas se rebelaram contra o marido e pai, contra a cultura patriarcal com seus atos de desobediência ou resistência, como diriam Bakunin (1900) e Foucault (2018), e o processo terapêutico contribuiu para tornar visível e desmontar o poder estrutural simbólico que dividiu e submeteu a família. Diante dessa consciência de terceira ordem, o pai/marido foi confrontado a fazer uma reflexão autocrítica honesta sobre si mesmo, o que o levou a reconhecer sua responsabilidade na dor causada à filha e, principalmente, à esposa, pela qual teve que trabalhar para concertar a relação com a esposa e a filha para reconquistar a confiança, e é aí que surge uma nova masculinidade em Juan. Somente após essa avaliação pessoal sincera e mostrando modestas mudanças pragmáticas, Estela e Paty conseguiram reconhecer em Juan um pedido de desculpas genuíno, que levou ao perdão curador. A partir daí, uniram-se mais do que nunca e restaurou-se o diálogo de solidariedade que levou a mudanças profundas nas regras de relacionamento e nas identidades; coevoluíram juntos para resistir a futuros ataques estruturais. Como mencionado anteriormente, a resistência coletiva torna-se uma grande fonte de poder para a mudança terapêutica.

Capítulo 8

As emoções: uma matriz de terceira ordem

As emoções: uma matriz de terceira ordem[1]

Não vamos parar para analisar o grande número de teorias sobre emoções apresentadas pela psicologia tradicional, que têm como foco o indivíduo, ou pela psiquiatria, centrada na biologia, as quais internalizam e privatizam a experiência emocional. Revisaremos aquelas que propõem as emoções de caráter relacional e como recurso sociocultural, epistemológico e político.

As emoções na terapia familiar sistêmica

Desde a sua origem até hoje, a terapia familiar sistêmica tem uma tradição que coloca os laços emocionais como centro de sua análise e intervenção. Entre os autores que podemos destacar estão Bowen (1989a, 1989b, 1991), Whitaker (1991, 1992), Satir (1986, 1988, 1996, 2002), e, recentemente, Linares (1996, 2002a, 2002b), Linares e Campo (2016) e Laso (2015, 2018), Laso e Canevaro (2022).

Bowen: o sistema emocional, entre triângulos e padrões trigeracionais

Murray Bowen foi um dos precursores da terapia familiar que mais deu atenção ao campo das emoções. Bowen (1989b) afirma que a chamada enfermidade mental tem sua sede no sistema emocional. Quando há uma perturbação nesse sistema, ela dará lugar à enfermidade afetará o sistema racional. O autor ressalta que as emoções nutrem, mas também podem nos adoecer física e emocionalmente, e assegura que o sistema emocional rege o ser humano.

Bowen (1991) parte da hipótese de que quando as emoções se misturam com a racionalidade dão lugar à psicopatologia. Portanto, deve-se ter cuidado para que ambos os sistemas não se fusionem de forma que o processo terapêutico consistirá em separá-los.

---

[1] Parte do conteúdo deste trecho foi publicado em Medina, R. (2018b). Inter-contextos de la 'depresión' infantil. *Revista Brasileira de Terapia Familiar*, 7 (1), 90-111. E em Medina, R. (2021). Terapia familiar de tercer orden. Cómo enfrentar el maltrato institucional desde el amor indignado. In J. L. Linares y J. Colapinto, J. *Historias para no dormir. El maltrato institucional en la atención al menor* (p. 199-236) Barcelona: Editorial Gedisa. A família aqui analisada assinou um termo de consentimento para que o caso fosse publicado, desde que protegendo sua identidade. Nomes, idades e outras informações que permitiriam sua identificação foram alterados.

Ele ressalta que o sistema emocional é ativado por meio dos sentidos, seja para perturbar a pessoa ou para acalmá-la. Bowen (1989a,1989b) destaca que o adoecimento emocional ocorre devido a padrões rígidos e repetitivos de relacionamento, que não são nada espontâneos, mas implicam uma tendência constante de especificar uma determinada ordem e as relações hierárquicas nas famílias. Portanto, as doenças emocionais estão situadas na relação de poder. Esses padrões tornam-se visíveis quando um membro da família tenta redefinir o relacionamento em outro nível, de modo que retornará constantemente à situação anterior de relacionamento. Ou seja, a rigidez relacional é encontrada nas regras familiares e nas orientações emocionais. Essas regras não são explícitas, mas implícitas, e são mostradas na interação.

Para Bowen (1991) os triângulos não são desprovidos de emoções e constituem a base das relações humanas, uma vez que uma relação entre dois é basicamente instável. Sendo instável, em um momento de tensão emocional, supõe-se que um terceiro participante esteja envolvido, no sentido de que possa gerar estabilidade nesse sistema de relacionamento. E mesmo que mais de três pessoas estejam envolvidas, elas estarão forjando vários triângulos entre elas.

Uma das regras emocionais estudadas por Bowen (1989a) são os ciclos de proximidade e distância nos triângulos.

> Através da investigação familiar, descobrimos que quanto maior o nível de ansiedade e de sintomas em uma família, mais isolados emocionalmente os membros dessa família ficam uns dos outros. Quanto maior o isolamento, menor o grau de comunicação responsável entre eles e maior o grau de intromissões encobertas e irresponsáveis entre si na família e a confiança de segredos a indivíduos fora da família. Através do juramento de guardar segredo, a pessoa se junta à rede emocional que gira em torno do problema familiar. (Bowen, 1989a, p. 23).

Whitaker e as experiências emocionais

> Minha perspectiva das famílias é que seus membros estão enormemente interconectados. Tenho pouca confiança no conceito de que ideias ou informações possam promover o crescimento. Para que ocorra uma verdadeira mudança, os membros da família precisam se comprometer emocionalmente uns com os outros. Eles precisam de

> experiências reais, não de iluminações cerebrais. Meu estilo é insistir em experiências emocionais, não em ensinamentos educacionais. (Whitaker, 1991, p. 60).

Para Whitaker, todo relacionamento que se estabelece tem um significado vital na vida emocional do indivíduo e/ou da família (Whitaker, 1991). E esclarece ainda que essa experiência emocional se origina, nutre e se manifesta nas relações interpessoais. (Napier & Whitaker, 1982).

Whitaker tem uma visão totalmente oposta à de Bowen. Enquanto o segundo privilegia o sistema intelectual, Whitaker rejeita qualquer abordagem nesse nível e prefere trabalhar nos domínios emocionais (Napier & Whitaker, 1982).

Embora Whitaker (1991), assim como Bowen (1991), partam da lógica sistêmica triangular, o primeiro, diferentemente do segundo, aponta que é fundamental conciliar as forças de pertencimento e de individualização. O autor destaca que sempre há uma tentativa de colocar o pertencimento e a individualização como opostos, o que faz com que surjam dilemas emocionais (triangulação). Com sua proposta, permite conciliar os dois sistemas (pessoal e familiar) e evita lutas emocionais internas. Além disso, redefine elegantemente a antiga dicotomia entre ter que sacrificar a individualidade para pertencer a um grupo, gerando enredos familiares em que a solidariedade e o pertencimento são sacrificados em busca do sonho moderno da individualidade (Gergen, 1997) e terminando com uma família emocionalmente distante (Hofman, 1990).

Whitaker (Neill & Kniskern, 1982) utiliza as emoções como recurso terapêutico, e refere-se ao conceito de experiência emocional corretiva, que consiste em provocar entropia e realizar movimentos que atinjam os limites do imaginável, até gerar *feedback* positivo (Hoffman, 1990). Tudo isso com o intuito de que ocorra uma crise na metamorfose da família, e, com a crise, inicie-se a mudança terapêutica para alcançar uma experiência emocional corretiva. Com isso, os familiares são reorganizados, questionando inclusive o papel do paciente identificado.

Virginia Satir e como comunicar as emoções

Virginia Satir, outra das pioneiras da terapia familiar sistêmica, escreveu que as emoções são o que dão cor, nuance, textura, significado, valor e importância às vivências e experiências (Satir, 1988). Baldwin (1983) destaca que, para Satir, as emoções desempenham um papel fundamental na formação do indivíduo, e são pilares do seu bem-estar, razão pela qual, juntamente com o intelecto, o cuidado com o corpo e a relação com os outros, resultará no que ela chama de *self*.

Essa ideia levou Satir a gerar um estilo terapêutico centrado nas emoções, no sentido de que estas fossem tornadas explícitas, abertas, fluidas, francas e personalizadas entre os coparticipantes. Ela tentou eliminar qualquer obstáculo que pudesse surgir na comunicação fluida das emoções (Hoffman, 1990).

O objetivo de conduzir uma terapia familiar focada nas emoções é de que as pessoas assumam a responsabilidade pelo que dizem e fazem, e saibam que podem mudar as regras entre si para cuidar uns dos outros e, assim, aumentar a sua autoestima. Em outras palavras, para Satir (1988) as emoções fazem parte de toda comunicação cotidiana. Vale ressaltar que Satir foi pioneira das esculturas familiares *in situ*, que permitem que os familiares vejam a si mesmos e reconheçam suas emoções por meio do corpo em interação.

Linares e a nutrição relacional

Atualmente, a terapia familiar sistêmica sob a proposta de Juan Luis Linares (1996) retoma toda essa tradição para propor uma teoria do conteúdo nutricional dos padrões relacionais. A proposta de Linares (1996) gira em torno da ideia de que a organização e a estrutura da família encontram seu verdadeiro significado quando buscamos nas relações nutrientes emocionais que seus membros percebem nessas interações. Ainda ressalta que a construção da identidade e do bem-estar é regida por essa nutrição. Linares (2012) define nutrição relacional como "a consciência de ser amado de forma complexa" (Linares, 2012, p. 61); e fala da "nutrição socioemocional" como a experiência subjetiva de ser amado e acompanhado, ou seja, de ser objeto de pensamentos, sentimentos e ações amorosas (Linares, 1996; Linares, 2012). Portanto, a falta de nutrição pode causar abuso e, portanto, mal-estar.

Para Linares (1996, 2012), os diversos tipos de relacionamentos propostos pela teoria sistêmica como coalizões, alianças, papéis, jogos, relações de poder, lealdades, padrões relacionais, enfim, a interação familiar em geral, encontram seu significado na nutrição emocional.

Para Linares (1996, 2012) as bases relacionais do amor são constituídas pelo reconhecimento, valorização, carinho e ternura. Esses elementos formadores do amor costumam ser um alimento, seguindo a metáfora nutricional de Linares (1996), requisitos para uma boa adaptação e desenvolvimento, tanto do indivíduo quanto das famílias.

Essas ideias levaram Linares (1996) a propor um diagnóstico relacional, que se baseia na teoria clássica da triangulação em torno da conjugalidade e da parentalidade, para integrar a nutrição relacional como eixo de análise. Para o autor, há interferência desses nutrientes na pessoa doente, pois ela não se sente amada, aceita, reconhecida ou valorizada.

Com isso, abre-se uma nova visão do mundo relacional, em que o escore de conexão circular gerado pelo sintoma está vinculado ao significado nutricional que lhe é atribuído pelos familiares. A proposta é repor esses nutrientes e, com isso, os padrões relacionais serão reorganizados, devolvendo saúde à família e à pessoa que carrega o sintoma.

Terapia em clave emocional: necessidades básicas e cenários emocionais

Laso (2015, 2018) apresenta um modelo clínico baseado em necessidades e emoções. Ele ressalta que as pessoas possuem duas necessidades relacionais básicas que proporcionam bem-estar: 1) sentirem-se amadas; e 2) serem respeitadas. Ele coloca essas necessidades antes de qualquer outro aspecto. Tais necessidades tornam-se objetos de estudo e exploração a partir de onde intervenham.

Laso propõe um modelo psicoterapêutico focado nas emoções, ao qual chama de "clave emocional". O autor o explica como uma metáfora, as emoções são notas musicais que convidam a dançar na vida. Quando uma das duas necessidades básicas não é satisfeita, é ativada uma emoção que pode ser expressa por meio de sintomas. Para isso, distingue quatro emoções básicas, duas puras e duas mistas: as puras são a alegria e a tristeza; e as mistas, medo/surpresa e raiva/desprezo. Sua grande contribuição é reconhecer em cada uma delas um cenário onde se produz a emoção e uma reação individual. Exemplo disso, a alegria se manifesta onde valores e necessidades são exaltados, portanto o comportamento da pessoa é mostrar-se de forma transparente perante os outros e expandir seu corpo e narrativa; enquanto a tristeza ocorre no contexto de perdas: pessoas, trabalho, projetos de vida, esperanças etc. Diante disso, o indivíduo se retrai, reduz espaços íntimos e se isola. Laso (2015, 2018) menciona que a psicoterapia não consiste em mudar a emoção, mas sim em ajudar a pessoa a reconhecê-la e a assumir o controle de sua necessidade subjacente. A ideia é enfrentar essas emoções básicas que aparecem como parte do sintoma para que a pessoa, caso tenha sido ela quem causou a mágoa, nojo, tristeza, raiva, desprezo ou medo, não se sinta culpada, mas sinta-se responsável para enfrentá-la.

Laso (2015, 2018), Laso e Canevaro (2022) apontam que somente honrando as necessidades básicas a pessoa pode redefinir suas relações consigo mesma e com os outros com base no afeto e no respeito. Com isso, pode-se entender que amar e respeitar a si mesmo são dois princípios que levam a um tipo de honestidade crítica e, portanto, a um diálogo solidário, consigo mesmo e com os outros.

A terceira ordem como recurso para a terapia familiar com enfoque emocional

Conforme vimos anteriormente, as contribuições de Bowen (1991), Whitaker (1991), Satir (1998), Linares (1996, 2012) e Laso e Canevaro (2022) foram substanciais para tornar as emoções visíveis na interação familiar. Essas contribuições são um grande recurso para a terapia familiar de terceira ordem. Alcançar uma honestidade crítica que torne visíveis as necessidades pessoais, reconhecer as lealdades invisíveis, as triangulações de aproximação e distanciamento, a comunicação emocional encoberta e a nutrição relacional, exige uma consciência prévia do simbolismo que lhes dá sentido, e é aí que nos encontramos com os sistemas de sistemas que as organizam. A tarefa de reconhecer os conteúdos estruturais do jogo emocional coloca a pessoa e a família em um campo que não é fácil de tornar visível e, assim, trazer à tona esse jogo para trabalhá-lo criticamente. Por exemplo, reconhecer a lealdade cega à família de origem e sacrificar a individuação faz sentido a partir dos preconceitos de status. As necessidades válidas de algumas mulheres de casar e ter filhos para se considerar uma "mulher completa" são organizadas a partir da cultura do patriarcado. Uma mãe que se desespera e gera um padrão de desqualificação e desconfirmação em relação a um dos filhos provavelmente é influenciada pela saturação que vivencia devido a uma dupla jornada, na qual não tem tempo suficiente para si e para o cuidado dos filhos, somado a uma pai ausente ou periférico. Um jovem que se sente triste e decepcionado consigo mesmo por não ter conseguido sucesso na vida, como seu pai conseguiu, sentimentos organizados a partir da meritocracia, uma mulher que usa os filhos contra o pai para se fazer ver e ouvir; ou seja, as emoções e o poder estão revestidos de condições morais ou precárias, que se organizam a partir de um simbolismo particular que precisa ser explorado.

Caso: da depressão infantil ao amor indignado

Pedro é um garoto de 14 anos. Entra no hospital psiquiátrico por causa de uma tentativa de suicídio (tentou se enforcar no banheiro de casa); a irmã de 12 anos o resgatou e pediu ajuda a um vizinho para que chamasse uma ambulância. Pedro, a irmã e o irmão de 10 anos estavam sozinhos em casa.

Ele foi levado imediatamente a um hospital de emergências, onde os exames realizados não encontraram danos físicos graves. Os pais, que estavam trabalhando, comparecem imediatamente à emergência. Pedro foi transferido para o hospital psiquiátrico infantil da cidade, onde ficou hospitalizado por duas semanas. Era a primeira vez que tentava tirar a própria vida. Foi diagnosticado com "depressão maior" e houve uma intervenção com medicamentos antidepressivos.

Emoções e sociedade

A terapia familiar de terceira ordem requer uma sólida teoria social das emoções, a partir da qual possam ser visualizados os aspectos estruturais envolvidos na configuração dos sentimentos. Partimos de um modelo integrativo, em que incluímos a sabedoria da terapia familiar sistêmica baseada nas emoções, a qual nos referimos anteriormente, para gerar um corpo sólido que expanda o estudo das emoções para além do campo familiar, com o objetivo de reconhecer os aspectos estruturais que são enraizados na diversidade de sentimentos e necessidades individuais e familiares.

O fundamento emocional do ato social e da identidade

Parte-se da premissa de que as emoções estão implícitas em toda a atividade humana, ligada a grupos e comunidades, o que confere aos seus membros um sentimento de identidade e pertencimento. Por exemplo, o sentido de família, comunidade ou nação está arraigado nas emoções, como um alicerce que vai além do individual e do racional. Diante dessa realidade, partimos da crença de que um ato social não pode existir sem emoções e vice-versa.

O biólogo Humberto Maturana (1997) divide as emoções em duas categorias: as primárias, que são de ordem biológica, como as que provocam a fuga diante de um ruído; e as complexas, que são constituídas pela recorrência de interações do ser vivo com o seu contexto. Maturana destaca que as emoções recorrentes que ocorrem no encontro se transformam em sentimentos. Ele chama de amor a emoção que permite um encontro qualitativo com o outro, que ele define como a aceitação do outro como pessoa legítima, em igual patamar, levando à estabilização da convivência entre duas ou mais pessoas.

Maturana (1997) destaca que o amor é o fundamento do ato social: "Sem a aceitação do outro na convivência, não há fenômeno social" (p. 24). Inclusive, acrescenta, o amor é o precedente da linguagem. "Sem uma história de interações suficientemente recorrentes, envolventes e longas, nas quais haja aceitação mútua em um espaço aberto à coordenação de ações, não podemos aceitar a emergência da linguagem" (p. 25-26).

O amor, como fundamento do ato social e da história significativa, torna-se também o facilitador substancial da constituição da identidade pessoal. Com tudo isso, conclui-se que a construção da realidade psicossocial é baseada no amor, e essa realidade, em uma relação dialética, pode gerar uma ampla gama de sentimentos que possibilitam a experiência biográfica, que é uma história sempre compartilhada.

O poder das emoções sobre a racionalidade

Maturana (1997) e Cussiánovich (2007) concordam em apontar que existe um fundamento emocional em todo sistema racional, seja lógico ou ideológico: "Portanto, os discursos racionais, por mais impecáveis e perfeitos que sejam, são completamente ineficazes para convencer o outro se o falante e o ouvinte o fazem a partir de emoções diferentes" (Maturana, 1997, p. 107). Essa afirmação pode ser observada em diversas situações ou circunstâncias: um pai que tenta explicar ao filho adolescente — a partir de um sentimento de raiva e irritação, percebido pelo filho como rejeição — que beber álcool é incompatível com dirigir automóvel; um professor que, sobrecarregado, não fica entusiasmado ou se mostra apaixonado por sua matéria e trabalho, e, consequentemente, seus ensinamentos não terão o poder didático que ele espera em seus alunos; uma instituição de saúde que não escuta as necessidades da família e exerce o seu poder de "proteção à infância" com um protocolo burocrático que aprofunda o mal-estar familiar (Linares & Colapinto, 2021). A razão e os discursos exigem emotividade para que a narrativa tenha potência e o diálogo possa ocorrer. Analisaremos este último em profundidade mais tarde.

Emoção como recurso epistemológico

Outra qualidade das emoções é que elas são um tipo de epistemologia prática. A esse respeito, Hochschild (1975, 1979, 1983, 1998), partindo da sociologia, aponta que as emoções são como mais um sentido que nos permite nos reconhecer e interagir com o mundo, da mesma forma que o olfato, a visão, o tato e audição. Mas é um sentido poderoso, que nos faz refletir sobre a própria existência. Ou seja, as emoções são uma forma de conhecimento e compreensão, que são parte ativa e integrante do processo de construção de significado. São uma espécie de radar "senciente" que alerta sobre o contexto, reconhece o outro que se aproxima e interage, mas, acima de tudo, faz com que a pessoa se sinta no contexto, leia os sentimentos dos outros a partir da emoção, aprenda a se comportar em interação, olhe e observe-se sem palavras. Conhecer-nos e reconhecer-nos através da emoção nos torna mais sábios, empáticos e mais fortes diante das adversidades do dia a dia. As emoções, à luz disso, tornam-se uma pedagogia de aprendizagem de segunda e terceira ordem.

Emoções como instrumento de poder

Assim como o poder, as emoções podem ser positivas ou negativas, o importante aqui é vê-las sempre a partir dos cenários onde ocorrem, pois essa será a fonte de sua manifestação. Ou seja, não existem sentimentos fora de um modo de vida, por isso, ao explorá-los, sempre haverá um cenário social, com pessoas, lugares, situações e ocasiões específicas. A partir dessa epistemologia, poder e emoções estão inter-relacionados. Portanto, estes últimos são um recurso que potencializa o poder, seja para gerar ambientes de bem-estar ou de abuso. Nesse sentido, partindo da sociologia, Sarah Ahmed (2012) menciona que o uso das emoções se tornou um instrumento de poder para educar ou manipular povos inteiros.

Ahmed (2012) afirma que as emoções são um motivador permanente da ação e, por isso, são utilizadas por instituições e empresas para influenciar a realidade, gerar necessidades de venda de um produto ou influenciar na tomada de decisões.

A autora também afirma que as emoções se tornaram um instrumento de poder. O exemplo mais claro, ao qual nos referimos recorrentemente, é o do neoliberalismo, que, dentro da sua lógica meritocrática, legitima e justifica a desigualdade social: o que acontece é que ele está doente; os pobres são preguiçosos por natureza; é assim que as mulheres são; homossexuais são estranhos e perversos etc.

Quando uma política pública sobre família inclui apenas um tipo de família e exclui os outros, leva à fragmentação da sociedade e faz com que alguns grupos sejam estigmatizados. Segundo Mancini (2016), a tese de Ahmed (2012) afirma que as emoções moldam corpos e grupos, silenciam alguns e dão voz a outros. Por isso, defende que estes são um recurso político para manter a ordem e, portanto, a reprodução social. Alerta, por exemplo, que induzir vergonha, culpa ou medo tem como objetivo evitar conflitos, silenciar os corpos e, por fim, privatizar problemas que são considerados "psíquicos", quando, na realidade, são sociais e culturais. É nesse tipo de ocultação da injustiça que se encontra o uso do emocional. Um exemplo disso é o abuso de gênero. Ou seja, se um adolescente apresenta "depressão" em um cenário em que sua família o desqualifica e o exclui por ter expressado abertamente sua condição homossexual, e se esse abuso também é vivenciado por outras pessoas de sua comunidade, e o Estado não garante sua inclusão equitativa , o problema não é privado, é público, é uma questão estrutural. É por isso que se diz que o uso estrutural das emoções é um campo sistêmico para construir realidades psicossociais. O patriarcado é um exemplo disso, pois não é apenas uma crença rígida e totalitária, mas também uma emoção que molda corpos, identidades, necessidades e um sentimento de pertencimento grupal. É gerado um quadro socioemocional simbólico organizado (Bourdieu, 1991, 2006; Shotter, 1989), com regras, papéis, relações de poder, comportamentos e expectativas fixas sobre o que "deve" ser uma família, uma esposa, um filho etc., como categorias de obrigação moral.

Caso: da depressão infantil ao amor indignado

A família de Pedro, por recomendação de psiquiatras, recorreu à terapia familiar. Compareceram todos os familiares — pai, 46 anos; mãe, 45; Pedro, 14, irmã, 12, e irmão, 10. Após a apresentação para estabelecer o genograma familiar, idade, escolaridade e atividade, imediatamente — sem abordar o motivo da consulta — continuamos perguntando sobre seu cotidiano e solicitamos que descrevessem um dia normal da semana.

A mãe toma a palavra e descreve o que a faz todos os dias. Ela prepara a comida à noite, das 20h às 21h, para o dia seguinte. Levanta-se às 5h e acorda todo mundo, faz o café da manhã; o pai sai às 6h para o trabalho; às 6h30 a mãe leva os filhos para a escola; eles começam as aulas às 7h e saem às 14h a mãe chega às 8h ao trabalho, em uma empresa de maquiagem, e sai às 18h, vai para casa e chega às 19h.

O pai trabalha como vigia de estacionamento em um shopping. Ele sai do trabalho às 19h e volta para casa às 20h.

Ambos ganham menos de 600 dólares por mês. Eles também falam sobre os direitos e tarefas que exercem no trabalho. A mãe afirma que nenhum dos dois tem seguro social ou serviços de saúde. Acrescenta que, de três em três meses, devem renovar o contrato para não gerar tempo de serviço ou terem direito a pensão ou outros benefícios.

Continuamos perguntando: quem leva as crianças para a escola, as alimenta e cuida delas enquanto eles estão no trabalho? A mãe afirma que Pedro é o responsável por tudo, insistimos para que ele nos diga quais são as suas responsabilidades.

Pedro, em voz baixa, ressalta que, por estarem todos na mesma escola, fica esperando o irmão e a irmã até a hora de irem embora. Que a casa fica a apenas dez quarteirões da escola, aproximadamente um quilômetro, e que ele leva os irmãos caminhando até em casa; eles chegam, ele abre a porta, todos entram e ele fecha a porta, acrescenta que o bairro é perigoso, que tem muitos membros de gangues e viciados; eles estão proibidos de sair. Pedro aquece a comida que a mãe preparou na noite anterior e serve ao irmão e à irmã. Depois, podem assistir TV por duas horas e, a partir das 17h, devem fazer o dever de casa.

Perguntamos a Pedro há quanto tempo ele faz isso e ele ressalta que cumpre essas tarefas diariamente há dois anos. Ele acrescenta que não é problema para ele fazer isso, mas que, há seis meses, os irmãos não o obedecem mais, e quando a mãe chega e vê que eles não comeram tudo, está uma bagunça e não fizeram o dever de casa, reclama com ele.

Nesse momento a mãe acrescenta que, se as coisas estão desse jeito há vários meses, é porque Pedro não fez bem sua parte e que é normal ficar brava.

Até aqui, o pai não disse nada. Apenas escutou.

Em relação às responsabilidades atribuídas a Pedro, perguntamos a ele, como você se sente por não cumprir o que tem que fazer? Nesse momento ele chora e não fala nada. A mãe insiste, em tom agressivo, que não é fácil para ninguém, que todos da família têm que cooperar.

Continuamos perguntando a Pedro sobre o padrão daquela cena. Quando sua mãe chega em casa à tarde, o que ela diz para você? "Ela me pergunta — diz ele — por que não faço as coisas direito? Antes eu fazia tudo certo e agora não faço. Por que estou distraído? Diz que sou muito desleal. Apenas digo a ela que eles não me obedecem mais e peço desculpas." A mãe insiste que o importante é que ele "pegue a ideia" — que ele entenda — que todos têm responsabilidade no bom funcionamento da família.

Perguntamos a Pedro como são as perguntas da mãe, que tipo de palavras ela usa. A sessão fica tensa. Há uma pausa de um minuto de silêncio. A irmã e o irmão mais novo aproximam-se de Pedro, tocando-lhe a mão de forma brincalhona, demonstrando uma espécie de solidariedade. Pedro, com esse apoio emocional, responde: "Ela me repreende". Perguntamos a ele como e o que ela lhe diz. "Ela me joga contra a parede e me diz: O que há de errado com você, seu filho da puta, seu veado de merda, você não sabe fazer bem o seu trabalho, você é um inútil!" Em que tom? — insistimos —, "aos gritos", Pedro fala e chora. A mãe parece chateada e o pai fica em silêncio. A irmã e o irmão continuam próximos de Pedro, tocando-o.

Padrões familiares envolvidos na depressão

Em uma primeira abordagem diagnóstica desse padrão relacional, na perspectiva de Linares e Campo (2016), poder-se-ia conjecturar que existem deficiências parentais. Uma relação conjugal complementar rígida, sem conflito aparente no casal; embora a mãe trabalhe fora de casa, continua a ser responsável pelo cuidado e organização da educação, enquanto o pai é periférico (papel tradicional). Pedro é parentalizado e as exigências da mãe são altas, e se ele não a obedece, é repetidamente desqualificado com exaltada intensidade. Há ainda o fato de não se ouvir as necessidades de Pedro, que tem insistido para que possa sair para brincar na rua, ir a festas, além de dizer que a irmã e o irmão não obedecem mais etc., sendo este outro ingrediente da depressão maior: a desconfirmação. Nessa fase da vida de Pedro, um jovem de 14 anos, o padrão recorrente vai diretamente para a sua identidade e autoestima. Outro ingrediente encontrado nesse tipo de família é a existência de núcleos que mantêm o conflito privado; não é permitido falar sobre isso abertamente e, para quem olha de fora, parecem ser famílias perfeitas.

A ficção da narrativa estrutural: as emoções como problema individual

Ahmed (2012) amplia o conceito para apontar que as emoções não são apenas estados psicológicos, mas principalmente práticas culturais que são estruturadas socialmente por meio de vasos comunicantes afetivos. As emoções não residem em sujeitos ou objetos, e afirma que se trata de uma ideologia antiga, deliberadamente construída, que não nos permite olhar para além do corpo: individualiza o mal-estar e a vontade de mudança. A autora menciona que essa forma de focar nas emoções é uma velha estratégia de poder. Afirma que o que se sente pessoalmente é, em última análise, um problema social e, portanto, coletivo.

Por exemplo, medo, culpa ou vergonha reforçam publicamente os caminhos argumentativos de discriminação e rejeição, tornando-se desculpas pessoais para evitar assumir responsabilidades coletivas. *Se sinto vergonha de não ter emprego é porque a culpa de não o ter é exclusivamente minha. Não me sinto uma mulher completa porque não me casei e não tive filhos. Sou fraco e não tenho força interior suficiente para enfrentar os problemas da vida. Meu problema vem de pais abusivos. Estou deprimido e é por isso que me falta motivação.* É aqui que as emoções operam como mecanismos de controle e poder, a partir da narrativa individual e biológica, que fazem os indivíduos e até mesmo seus neurônios parecerem culpados, inativando qualquer ação. Ou, também, legitimam a desigualdade.

Como observado anteriormente, uma das teses defendidas por este trabalho é a de que o enfraquecimento relacional e a ocultação da injustiça são mais poderosos e profundos nas pessoas, a partir da mitologia do individualismo solipsista e desarticulado, particularmente emocional.

A partir desse panorama individualista das emoções, do ponto de vista da terapia familiar crítica de terceira ordem, observam-se consequências: a ruptura, por exemplo, dos laços entre familiares e comunidades, que brigam, maltratam-se e dividem-se entre si; e, com isso, rompe-se o diálogo que os unia. Perde-se a solidariedade, a empatia, a coesão, a compaixão e o cuidado com o outro, ou seja, desintegra-se o que os unia: o amor. Os efeitos pragmáticos dessa ideia são múltiplos e relativamente fáceis de observar na vida cotidiana.

Diante disso, Ahmed (2012), segundo Mancini (2016), conclui que existe um prisma de convergência entre os níveis biográfico e social. Eles andam juntos, por isso não deveria surpreender que sejam estabelecidas encarnações individuais de problemas estruturais.

Caso: da depressão infantil ao amor indignado. O suicídio, um problema pessoal

Em uma sessão posterior, a sós com Pedro, conversamos para entender sua decisão de tirar a vida. Observamos que o vínculo mais próximo (amor) de Pedro desde criança é com sua mãe, por isso ele vive há seis meses um luto simbólico, uma perda afetiva com sua progenitora (Bowlby, 1993), que se tornou um relacionamento de rejeição por meio de abuso. Mas, apesar disso, Pedro é leal à mãe, e por isso não reclama com ela; expressa que vê sua mãe muito sobrecarregada, e que não conseguia apoiá-la, ele se sente culpado e decepcionado consigo mesmo, razão pela qual ele preferiu fugir, tirar a própria vida. A tentativa de suicídio de Pedro poderia ser interpretada como uma demonstração de lealdade à mãe?

Caso: diagnóstico da depressão de Pedro

Até aqui, as causas da depressão e da tentativa de suicídio podem ser interpretadas no contexto de uma família disfuncional, particularmente com deficiências parentais por deixarem os filhos menores sozinhos e maltratarem sistematicamente Pedro, que já apresenta sintomas de baixa autoestima e fraqueza emocional etc. Os psiquiatras acrescentaram um problema bioquímico neuronal, razão pela qual Pedro foi rotulado como deprimido e recebeu medicação prescrita. Todo o diagnóstico com evidência "científica objetiva" é contundente, faz parte da narrativa saturada do sistema de saúde a que nos referimos antes, que tem grande poder e se torna cúmplice do poder que exclui.

Caso: da depressão infantil ao amor indignado — expandindo a narrativa para condições estruturais

Continuamos com o caso, explorando detalhadamente alguns outros aspectos do seu cotidiano, a fim de reconhecer condições estruturais que possivelmente possam fazer parte do problema. O território é outro contexto a ser explorado na primeira entrevista: a família vive em um bairro inseguro, por isso, quando Pedro chega da escola, tranca a porta e é proibido sair e de abri-la a estranhos. Como resultado, as crianças não socializam com os seus pares; observa-se uma pobreza relacional que interfere no seu desenvolvimento. A depressão de Pedro é uma expressão dele e dos irmãos: poucos amigos com quem conversar e brincar, poucos olhares de reconhecimento da rede para eles.

Quando crianças — estamos falando de crianças de ambos os sexos — ficam sozinhas em casa, é um óbvio indicador de falta de redes de apoio. Foi perguntado se tinham familiares ou amigos que morassem no bairro ou nas proximidades e os pais indicaram que não, pois são de Michoacán — estado vizinho — e se mudaram para Guadalajara por segurança. Muitos dos seus familiares e amigos morreram, desapareceram, foram deslocados ou migraram para os Estados Unidos. Eles, por sua vez, raramente visitam as suas terras, por trabalho e falta de recursos, mas, sobretudo, por medo. Perguntamos também aos pais se têm amigos na cidade e eles, sem hesitar, respondem com um não irrecorrível.

Patologias estruturais: precariedade laboral e guerra contra o tráfico de drogas[2]

Os empregos dos pais de Pedro, com baixos salários, sem benefícios, seguro social, tempo de serviço e direito à aposentadoria são precários, que os obrigam a deixar os filhos sozinhos em casa para que possam cuidar de si e gerir as suas vidas. A isso somam-se os resultados da reforma da segurança: vizinhança insegura e exílio forçado. Esse é um dos milhares de casos de famílias deslocadas pela guerra contra as drogas. A família fugiu para Guadalajara para evitar ser sequestrada e recrutada por traficantes de drogas ou assassinada caso se recusasse a cooperar. Nessa zona do país, alguns (CMDPDH, 2017) apontam que existe um vínculo de cumplicidade entre autoridades locais e nacionais, empresas transnacionais e nacionais e a criminalidade, fenômenos chamados de necropolítica. Toda a família viveu a desesperança e vive o luto coletivo pelo deslocamento; perdeu tudo: a casa, o terreno, a escola, o trabalho, a família, os amigos etc. A depressão de Pedro é uma simples metáfora para o contexto de exclusão e abuso estrutural que todos viveram em silêncio.

---

[2] Este tema foi abordado no artigo Medina, R. (2020). El impacto de la política laboral y la guerra contra el narcotráfico en la familia: el malestar psicológico infantil en México. *Carta Económica Regional*. 33 (126), 81-106.

Indignação como resistência

Um recurso que pode ser utilizado para tornar a resistência ativa e terapêutica é invocar a indignação. É aqui que a emocionalidade está ligada ao poder e à estrutura.

Raphael (2011) aponta que:

> [...] indignação é o sentimento provocado por uma injustiça escandalosa. Não deve ser confundido com frustração ou exasperação: a primeira é estéril e a segunda, incontrolável. Enquanto a frustração paralisa e a exasperação facilmente leva à violência, a raiva indignada clama poderosamente pela mudança do estado das coisas. (p. 7).

Ou seja, a definição deve incluir o contexto que é o motivo da indignação. A injustiça como cenário de indignação abre a possibilidade de que esta seja uma metodologia terapêutica para enfrentá-la.

Gallastegui (2021) destaca que a dignidade é o valor reconhecido que todas as pessoas do planeta possuem. Por isso, na Declaração Universal dos Direitos Humanos, a dignidade é um dos valores mais importantes. Para a declaração, todas as pessoas são dignas, independentemente da sua raça, classe social, sexo, gênero, idade, capacidades etc.

O exercício que reconhece a indignação como recurso psicoterapêutico faz, em princípio, uma distinção entre a pessoa e o seu comportamento, porque:

> [...] a dignidade humana pertence irrevogavelmente à pessoa, não aos atos. Ou seja, os atos podem ser indignos, mas nunca a pessoa [...] o objetivo da sociedade seria acabar com os atos injustos e indignos, e não com a pessoa. (Gallastegui, 2021).

Neste caso, a mãe é quem, na diretriz, maltrata abertamente Pedro. O terapeuta deve sempre tratar e fazer com que a mãe se sinta uma pessoa digna. Esse sentimento tornará mais fácil para a mãe conversar sem resistência para expressar seus argumentos, necessidades e preocupações. E, então, a indignação coletiva passa.

Em outras palavras, a dignidade pertence a cada ser humano, que não pode ser destituído dela em circunstância alguma. Diante disso, a dignidade humana é um conceito muito efetivo, que nos permite erradicar as injustiças sem erradicar as pessoas.

Em outras palavras, trata-se de aumentar a consciência ecológica do mal-estar pessoal. Como mencionado anteriormente, baseia-se na crença de que nada é natural e individual, tudo é cultural, tudo é organizado socialmente, principalmente a injustiça. Santiago (2018) menciona que, para uma vítima não definir a sua condição como produto do azar ou do destino, "deve sentir-se lesada, vivenciar o mal que a aflige como algo não natural ou individual, mas de ordem sociocultural [...] Ao tomar conhecimento desse mecanismo, a vítima pode reagir com indignação" (p. 64). Para a autora, o sentimento de injustiça social decorre de uma dignidade pessoal gravemente ferida, é de natureza moral e política. "Ao contrário do desejo de vingança ou de revanche, o sentimento de injustiça não é uma reação meramente emocional, mas envolve a consciência de que há algo muito errado na sociedade e que requer mudança" (p. 63). A pessoa não é revitimizada, ela se torna ativa para enfrentar a injustiça. Por isso consideramos a indignação um recurso psicoterapêutico.

Uma das qualidades da indignação é o comprometimento com uma causa. Stéphane Hessel (2018), em seu texto (*Indignai-vos!*),[3] destaca que "um dos componentes essenciais do ser humano é a capacidade de indignar-se e o compromisso que dela nasce" (p. 7).

É aqui que aparece o conceito de resistência. Hessel destaca que "o motivo da resistência é a indignação [...]" e "resistir é criar e criar é resistir" (p. 7).

Por sua vez, Sampedro (2018) destaca que "a resistência contra o nazismo nasceu da indignação e da indignação deve vir hoje a resistência contra a ditadura dos mercados" (p. 3).

No caso das "mil virgens", a família fica indignada com o patriarcado, que degrada as mulheres e outras minorias, e produziu um grave desentendimento em seu núcleo. Ver-se no contexto e tomar consciência disso leva à indignação, o que, em princípio, gera a unificação familiar, para que juntos enfrentem o sistema estrutural por meio de um diálogo solidário e amoroso. Diante disso, conclui-se que a dignidade é uma das qualidades humanas mais poderosas, que estimula um olhar crítico sobre as condições de desigualdade e injustiça e permite o reencontro com os entes queridos para que enfrentem juntos o mal-estar psicológico.

---

[3] Hessel, S. (2012). *Indignai-vos!*. Editora Leya.

O amor indignado

Chegamos aqui à categoria do amor indignado, que se apresenta como metodologia terapêutica. O amor indignado é a fusão de dois conceitos poderosos: o amor como capacidade de uma pessoa fazer com que o outro se sinta legítimo, igual a ela (Maturana, 1997); a indignação como o sentimento causado por uma injustiça escandalosa (Raphael, 2011). Ambos são sentimentos que envolvem reconhecimento do outro e consciência social; e juntos abrem a possibilidade de diálogo a partir de outra posição, em solidariedade, para resistir e negociar um modo de vida mais digno e suportável.

Caso: da pressão infantil ao amor indignado: o amor indignado que une a família

O trabalho precário e o deslocamento forçado foram temas abordados com toda a família e, separadamente, com os pais. No trabalho clínico, não são fáceis de reconhecer, porque a narrativa do problema foi ofuscada pela lógica individual ou por um padrão de abuso familiar. Mesmo antes da tentativa de suicídio de Pedro, toda a família tinha sido uma sobrevivente digna. Embora estivessem encurralados, não podiam falar sobre o ocorrido, sobre a grande demanda de deslocamento forçado, tinham medo. O tema foi aberto e o luto vivenciado, seus sentimentos de perda foram contextualizados em todos os momentos, para que não se sentissem culpados por isso. Conseguiram associar o mal-estar de Pedro, principalmente, com o deslocamento forçado que a família vive em silêncio. Esse foi o ponto de ruptura a partir do qual o diálogo de solidariedade entre os membros pôde ser restaurado, puderam se unir mais do que nunca, sobretudo ter empatia com Pedro, a quem definiram como representante digno da família. As formas emocionais relacionais mudaram, a desconfirmação e a desqualificação deixaram de estar presentes. Pedro foi reconhecido pelo seu excelente trabalho e, acima de tudo, pela lealdade à família. Da mesma forma, a mãe distingue-se pelo trabalho louvável da dupla jornada que faz trabalhando fora de casa e depois em casa, e era normal para ela se sentir saturada, sozinha e desesperada. O pai expressa abertamente que Pedro não deveria ser responsável pelo cuidado da irmã e do irmão, circunstâncias que tornam normal e previsível algo para a família se reorganizar, ou seja, era hora de fazer mudanças. Surge na família um sentimento que chamamos de "amor indignado". Com efeito de unir, reconhecer-se, valorizar-se, cuidar-se e sobretudo resistir juntos diante das adversidades do contexto. O sentimento de perda era coletivo, de toda a família, e Pedro foi quem o expressou abertamente através do sintoma.

Então trabalhamos a partir da aliança terapêutica para enfrentar da melhor forma os problemas estruturais: melhores empregos, redistribuição de moradia para ter espaço para Pedro, gerando uma rede de vizinhança, principalmente com aquelas famílias que têm filhos e filhas na mesma escola que Pedro e seus irmãos; socialização de Pedro e seus irmãos e seus pais com os pares, estabelecendo estratégias para que Pedro e seus irmãos não fiquem sozinhos em casa etc.

O amor indignado como método terapêutico para recuperar a saúde

O amor indignado confronta, a partir de uma reflexão crítica, aquela sociedade que viola, exclui e condena a morrer em vida, ou seduz a trabalhar por uma felicidade fictícia, mas vazia. O amor indignado promove o respeito por si mesmo e pelos outros, provoca a exploração de novos modos de vida e de relações para promover um diálogo solidário para cuidar de si e se reinventar. Trata-se de passar do orgulho, do desespero, da raiva, da dor e do desejo de vingança — sintomas — para a esperança, a solidariedade, o respeito mútuo, a resistência e o amor.

Ou seja, uma vítima de injustiça social representa sempre um grupo, portanto, uma comunidade inteira foi injustiçada. É por isso que "a busca pela justiça é uma tarefa coletiva e não individual" (Santiago, 2018, p. 64). Traduzindo isso para o campo clínico, nota-se que se indignar permite a reorganização familiar, o empoderamento. A indignação abrange um olhar de solidariedade para com quem vivencia a injustiça: vivenciar a dor do outro como se fosse sua. Essa aproximação com o outro é ingrediente substancial da indignação, e leva a um tipo de indignação coletiva, que é amorosa, mudando a técnica do poder para o cuidar do outro como cuidaria de si mesmo. É uma indignação que se torna uma resistência efetiva, porque se fortalece na união. Ficar indignado, junto, abre o diálogo solidário e aumenta o poder de mudança. E é aí que se enfrenta a injustiça, desmantelando-a por dentro, a partir dos padrões familiares que eles próprios ativaram, alimentados por uma patologia estrutural, para maltratar ou excluir. A mudança de terceira ordem é qualitativa, desativa as crenças e mitos irrefutáveis que reorganizam as regras, hierarquias, papéis, necessidades e emoções individuais em um paradigma ecológico.

A experiência de indignação amorosa que a família de Pedro viveu fez com que imediatamente cessassem os abusos, para que se restaurasse a confiança mútua a partir de uma reflexão autocrítica que levou a Mãe e o Pai a repararem o dano causado. Foi então que Pedro recuperou a autoestima e o amor por si mesmo, para deixar o sintoma para trás.

O amor indignado também se torna um método para restabelecer o tecido social e enfrentar a injustiça com maior poder dos recursos e do micromundo familiar e comunitário.

O trabalho terapêutico de terceira ordem também amplia os limites para além do consultório e da casa de Pedro, para que se busque redes de apoio da vizinhança para socialização familiar e cuidado mútuo, para que encontrem um emprego digno perto de casa etc.

Capítulo 9

Diálogo solidário

Diálogo solidário

Modelos de terapia familiar que têm os usos da linguagem como objeto de estudo e intervenção

Antes de traçar a proposta do diálogo solidário, nesta seção faremos uma breve revisão dos modelos de terapia familiar que têm os usos da linguagem como eixo de análise e intervenção clínica, embora não me refira a todos eles, apenas àqueles que contribuíram para lançar as bases da nossa proposta.

A narrativa como poder, conhecimento e organização social

Continuamos a admirar o trabalho de White e Epston (1993), na medida em que a sua contribuição tem sido enorme para a clínica. Eles se centram em "como as pessoas organizam as suas vidas em torno de certos significados e como, ao fazê-lo, contribuem inadvertidamente para a sobrevivência e a progressão do problema [...] e, em particular, para as exigências do problema" (p. 21). Para isso, tomam "a analogia do texto" como objeto de estudo. Com este termo referem-se a "que as histórias ou narrativas que as pessoas vivem determinam a sua interação e organização" (p. 29). Por isso, quando alguém se refere a um diagnóstico como "depressão maior", não é uma representação fiel de tal fenômeno ou qualidade intrínseca da pessoa diagnosticada. É um texto que gera um determinado cenário social a partir do qual o sintoma é construído, tal como uma profecia autorrealizável. São muitos os que participam em um texto para a constituição do fenômeno a que se referem: psiquiatras, políticas públicas de saúde, familiares, colegas de trabalho ou de escola, amigos etc.

> A analogia textual não só nos fornece um quadro que nos permite levar em conta o contexto sociopolítico das pessoas cujas vidas estão situadas em muitos textos, mas também nos permite estudar a ação e os efeitos do poder nas vidas e nos relacionamentos. (White & Epston, 1993, p. 35).

Em relação ao poder, retomam a perspectiva de Foucault (2020), anteriormente revisada, e apontam que:

> Embora não deixemos de reconhecer os efeitos libertadores da análise do poder como um mecanismo repressivo vinculado ao gênero

> [e a outras minorias], acreditamos que também é importante considerar o espectro mais geral do poder, não apenas os seus aspectos repressivos, mas, ao mesmo tempo, seus aspectos constitutivos [...] [por exemplo] estamos sujeitos ao poder por meio de verdades normalizadoras que moldam nossas vidas e nossos relacionamentos. Essas verdades constituem a base do poder. (p. 35-36).

Exemplo disso é a própria identidade, os papéis pré-estabelecidos para cada gênero, a correta educação dos filhos e filhas, como devem ser marido e mulher etc.

É nisso que consiste o poder positivo de Foucault, ao qual fizemos referência; não é repressivo [de certa forma], é formativo e, nesse exercício, é constitutivo de identidades, corpos, sentimentos, padrões relacionais, práticas, pensamentos etc.

Diante desse exemplo, entende-se perfeitamente que a narrativa proposta por White e Epston (1993), através da analogia do texto, tem implícita em sua natureza o poder, o conhecimento e a ação. Não se trata de uma questão linguística ou cognitiva — como alguns a interpretam —, mas de uma questão sociopolítica. Devemos perguntar: que conteúdo deve ter a nova narrativa para que eclipse a anterior e possa tornar-se uma nova realidade relacional? A proposta, por meio do que se chama de externalização do problema, mostra que essas narrativas sobre o problema e suas identidades possuem um contexto sociopolítico de produção. E se deve conscientizar que a narrativa que se impôs como uma história saturada é apenas uma entre muitas outras. As experiências são maiores e mais ricas do que as narrativas que nos contamos, por isso podemos recorrer a outra experiência familiar não contada, que nos permite reconhecer-nos de outra forma, com melhores recursos para colocá-la no campo do texto — histórias de experiências excepcionais. Isso, juntamente com o reconhecimento da condição social da narrativa saturada, eclipsará o mal-estar.

Terapia colaborativa e o resgate da pessoa como especialista

Anderson e Goolishian (1988, 1990, 1996) distanciam-se explicitamente do modelo sistêmico, partindo da crença de que um sistema de significados gera o problema, não sendo o sistema que cria o problema. Assim, por exemplo, a perspectiva sistêmica "define os seres humanos como meras máquinas de processamento de informações, e não como seres geradores de significado" (Anderson & Goolishian, 1996, p. 46). Diante disso, afirmam que:

> [...] a ação humana ocorre em uma realidade de compreensão que se cria por meio da construção social e do diálogo [...] segundo esta perspectiva, as pessoas compreendem as suas vidas através de realidades narrativas socialmente construídas, que dão sentido à sua experiência e a organizam. (p. 47).

A identidade e os sintomas são considerados produtos das conversas cotidianas.

Diante do exposto, Anderson e Goolishian (1996) propõem a terapia colaborativa baseada na concepção dialógica, que visa a busca mútua (terapeuta e cliente) de compreensão e exploração de problemas, o que implica um processo de participação conjunta. "A ênfase não está em produzir mudanças, mas em abrir um espaço para conversação" (ibid., p. 49), o que permite gerar uma nova narrativa a partir de uma história não contada sobre o problema.

A forma de desmontar o problema é o terapeuta se posicionar não como especialista, mas como colaborador, e selar sua proposta com a frase "o cliente é o especialista". Em muitos dos meus colegas esta expressão não só gerou animosidade, mas também muitas desqualificações. Entendemos essa afirmação como uma provocação ao terapeuta, principalmente ao que se estabelece como aquele que conhece e, por isso, não escuta o cliente, fechando a possibilidade de um diálogo de aprendizagem mútua. "O cliente é o especialista" significa que a família é a especialista da sua vida, e que, em um primeiro momento, é necessário perguntar como interpreta o assunto: as suas respostas refletirão a complexidade do problema, não apenas como descrição sintomática ou padrão relacional, mas também do significado que eles próprios dão ao mal-estar. Esse é o início do trabalho terapêutico: uma posição de ingenuidade e curiosidade antropológica por parte do terapeuta que permitirá o diálogo com a família e estabelecerá, em uma segunda fase, uma colaboração entre clientes e terapeutas.

Outra contribuição relevante dessa escola a ser considerada é que, mesmo que se constitua uma nova versão das suas relações, esta não será terapêutica se os clientes não a incorporarem na primeira pessoa. A internalização da nova história criará uma mudança psicológica qualitativa e, com ela, o sintoma desaparecerá.

A equipe reflexiva a partir de uma conversa aberta

Outra das escolas emblemáticas da terapia familiar é a "equipe reflexiva", seu criador, Tom Andersen (1994, 2001), propõe uma psicoterapia baseada na conversação. Ele menciona que o mal-estar pessoal aparece quando a família, a comunidade e as instituições deixam de conversar aberta e genuinamente. A equipe reflexiva, como modelo, propõe gerar "conversas abertas" (Andersen, 2001), uma dinâmica onde fecham a câmera Gesell ou o circuito fechado de TV para que profissionais de saúde, familiares e rede de apoio possam se encontrar frente a frente em uma sala ampla para conversar. Inicialmente, um terapeuta conversa com a família, depois a equipe terapêutica conversa entre si sobre suas impressões a respeito do que acredita estar acontecendo na família, enquanto a família escuta atentamente, em seguida, a família é convidada a ser incluída na conversa, a expressar, sem restrições, suas opiniões sobre o que ouviram para iniciar uma conversa aberta entre todos. Um modelo de cultura *Viking*, no qual a comunidade colabora para resolver os dilemas ou mal-estares de uma pessoa. A troca de perspectivas é matizada e moderada para que todos possam ouvir uns aos outros, facilitando a entrada de novas perspectivas sobre o problema. É uma espécie de *brainstorming*, a partir do qual o problema pode ser apreciado sob múltiplos ângulos, alguns com mais recursos que outros para gerar mudanças a partir daí. "Para que ocorra uma mudança, as conversas têm que ser diferentes do habitual, mas não muito [...] para o bem da terapia, o terapeuta é sensível ao fluxo da conversa e introduz a mudança no ritmo adequado para cada cliente" (Andersen, 2001, p. 205-206).

Tudo isso a partir de uma posição inclusiva de perspectivas, e não diretiva. Ainda no início da sessão, os clientes são convidados a escolher o tema sobre o qual falar, rompendo com a tradicional entrevista para avançar para uma conversa. Em determinado momento do processo terapêutico, convida-se a estabelecer uma espécie de metaconversa, ou seja, reconhecer aqueles temas relevantes e descartar outros, e refletir sobre por que esses temas foram escolhidos. Diante dessa postura, é possível que surjam novos significados a partir dos quais será tecida a mudança terapêutica. Nesse ponto, é importante perguntar se há alguma outra história que não tenha sido contada para ser discutida. É uma conversa de ida e volta, aberta o tempo todo. Quando aparece uma explicação ou tema relevante para a família, e possivelmente poderoso, que não tenha sido mencionado anteriormente, há uma conversa aprofundada, fala-se sobre o que a família vê, quem aparece, como se sente em relação a essa nova história etc.

A base para que isso tenha efeitos terapêuticos é que todos na nova história sejam incluídos, e sejam ouvidos, escutados, vistos e validados. A conversa gera um diálogo externo e interno entre o *self* e os outros. Isso implica que os familiares se sintam incluídos novamente no relacionamento, o que é fundamental para que possam resolver futuras vicissitudes com seus próprios recursos, por meio de conversa aberta.

O diálogo aberto da Escola da Finlândia

Com a influência da "equipe reflexiva", surge a abordagem terapêutica que aposta no "diálogo aberto". Outra perspectiva narrativa que influenciou muito o meu trabalho clínico é a escola finlandesa. Em particular, o diálogo aberto proposto por Jaakko Seikkula e a sua equipe é impressionante (Seikkula & Olson, 2003; Seikkula & Arnkil, 2016). Esta escola propôs um modelo de saúde pública para abordar os sintomas de psicose que aumentavam na Finlândia. Criticam fortemente a psiquiatria biológica, que baseia o tratamento na diretriz diagnóstica do DSM e sua consequente medicação. Ressaltam que o modelo biológico aprofunda o mal-estar das pessoas. Partem da hipótese de que os sintomas aparecem porque o diálogo na comunidade foi rompido, as necessidades das pessoas não são ouvidas e o protocolo psiquiátrico faz parte dessa surdez. Para Seikkula (2003, 2016) e sua equipe, a saúde pública baseada na psiquiatria biológica contribui para a desconfirmação do cliente, ou seja, suas necessidades não são ouvidas, a explicação da sintomatologia gira em torno de declarações de especialistas ou justificativas de familiares sobre o mal-estar sofrido pelo cliente. Então propõem não ver o sintoma, mas sim a pessoa, ouvindo-a com muita atenção. Inclusive ouvindo o sintoma do ponto de vista do cliente, sem estigmatização ou outros preconceitos, para que se inicie um diálogo com a rede, com as pessoas importantes na sua vida e com os membros do sistema de saúde.

Jaakko Seikkula e sua equipe (Seikkula e Olson, 2003; Seikkula e Arnkil, 2016) retornam a Bakhtin (1979a, 1979b) para propor um método clínico que chamam de diálogo aberto. Com essa influência para esta escola, o início do processo terapêutico é fundamental. É um convite ao diálogo com as regras do cliente, o que significa, desde o primeiro contato, compreender a perspectiva dos clientes, o que querem dizer, sem colocar nenhum preconceito ou diagnóstico profissional; o cliente define o tema e o ritmo e as interpretações são respeitados. Os terapeutas, no primeiro momento, ouvem com curiosidade, estão atentos a tudo que acontece durante a conversa e fazem perguntas apenas para esclarecer ou aprofundar o que os clientes estão tentando comunicar. Para isso, são convocadas a rede de apoio do cliente e a rede de integrantes dos serviços de saúde, a fim de reconhecerem conjuntamente as necessidades legítimas da pessoa que sofre do sintoma. Eles chamam isso de "diálogo aberto".

Essa nova política de saúde mental teve resultados maravilhosos: a taxa de psicose caiu mais de 80% e o consumo de medicamentos se tornou mínimo.

Diálogo como compreensão na coparticipação de hipóteses

Outra escola que aposta no diálogo como premissa é a de Milão, de Boscolo, Cecchin e Bertrando. Este último publicou uma obra intitulada *El diálogo que conmueve y transforma* (*O diálogo que comove e transforma* — sem tradução no Brasil) (Bertrando, 2011). Ele propõe o diálogo como eixo do processo terapêutico, que chama de *compreensivo*, no qual o terapeuta, como especialista, conversa com os clientes para que juntos gerem uma espécie de compreensão compartilhada do problema. É um processo de negociação entre ambos para nomear o problema em conjunto: "o objetivo principal é chegar ao esclarecimento ou ao surgimento de um novo entendimento" (p. 54). Considera os clientes como "pessoas que possuem subjetividades, valores, objetivos, expectativas, inclusive teorias próprias, mesmo quando, em sua maioria, sejam implícitas" (p. 65); que, juntamente com a equipe terapêutica, especialistas em teorias, colaboram na criação de hipóteses. Porém, Bertrando (2011) alerta que "as hipóteses nascem na interação: um terapeuta só pode criar as hipóteses que seus clientes lhe permitem criar. Nesse sentido, criar um é um processo compartilhado" (p. 65). Para que as hipóteses alcancem poder terapêutico, é necessário gerar uma aliança. A qualidade da relação entre cliente e terapeuta levará ao sucesso do processo sobre o qual estamos falando. O diálogo proposto pelo autor baseia-se na negociação contínua entre terapeutas e familiares sobre as hipóteses que são geradas no processo, ou seja, o diálogo gira em torno de hipóteses, "poderíamos dizer [...] que é impossível dialogar sem ideias ou hipóteses. Mesmo no diálogo mais aberto, os oradores lutam, conscientemente ou não, para confirmar as suas hipóteses" (p. 74).

Bertrando (2011) destaca que seu estilo de formulação de hipóteses e abertura de diálogo com a família é por meio da técnica da circularidade, pois permite o *feedback* da família, ou seja, não lança hipóteses lineares ou verdadeiras, mas, simples hipóteses onde o consultor se torna o interlocutor que pode modificá-las e devolvê-las à equipe terapêutica que gera, assim, um diálogo que transforma.

Terapia a partir de realidades compartilhadas

Outro modelo estimulante é o proposto por Manfrida (2015), Manfrida e Albertini (2017), o das "realidades compartilhadas". Influenciado pela terapia narrativa de White e Epston (1993) a qual já nos referimos anteriormente, Manfrida desdobra toda uma metodologia conceptual no sentido de encontrar nos recursos sociológicos da família experiências subalternas que possam ser convertidas em narrativas de outra natureza. O objetivo é deslocar as narrativas absolutas em que a psicopatologia é construída e incentivada.

As narrativas dos pacientes, imersas em um mar de banalidades confirmatórias, aparecem de tempos em tempos, de forma incongruente, mascaradas e, de forma surpreendente, com discrepâncias, passagens de histórias alternativas vindas de submundos sociológicos, esferas de dados e significados socialmente compartilhados e confirmados, mas minoritários e relegados à sombra da consciência. (Manfrida, 2015, p. 172).

O terapeuta as procura e as reconhece, e na devolutiva à família, dá voz às narrativas dá voz para que se fale sobre elas. Para tanto, Manfrida e Albertini (2017) alertam que a referida devolutiva de tal realidade alternativa encontrada na própria família deve cuidar de alguns aspectos para que tenha impactos terapêuticos:

> [...] plausíveis, isto é, com possibilidade de serem partilhadas tanto pelo cliente como por outras pessoas significativas, para que se possa permitir a construção de uma estrutura social de confirmação da nova história, oriunda de um submundo sociológico [...]. Convincentes, isto é, promovidas e apoiadas pelo terapeuta com técnicas desenhadas para subverter, no nível lógico e no nível emocional, as opiniões anteriores do cliente e das pessoas de referência. Esteticamente válidas, isto é, capazes de envolver outras pessoas, tornando-as variadas e emocionantes e menos restritivamente banais do que a vida quotidiana. (p. 172).

E concluem que "o terapeuta narrativo não apenas constrói histórias, é preciso primeiro que construa a realidade proposta, banal do cotidiano, para permitir que surja outra história, compartilhada socialmente, mais funcional e satisfatória" (p. 173).

Modelo temático narrativo

Este modelo é proposto por Ricardo Ramos partindo da escola de Barcelona, que trabalha não apenas com as famílias, mas também tenta trabalhar a partir da rede (Ramos, Aljende, & García, 2015). Para isso, inclui em seus entendimentos e estratégias terapêuticas todos os demais profissionais envolvidos no caso, familiares, amigos e outras figuras significativas que sejam relacionadas ou importantes para os clientes, seja porque há (ou houve) um relacionamento profissional, por poderem ser fonte de apoio (ou obstáculo) ou simplesmente porque têm algo a dizer, favorável ou não, e por isso devem ser levados em conta e incluídos, pelo menos nas mentes e conversas da equipe terapêutica que atenderá a família.

O modelo temático narrativo de Ramos (2015) é complexo e rico em suas fontes e raízes, pois se fundamenta em diversas terapias pós-modernas, mas também inclui áreas como linguística, teoria literária, jornalismo (como um acontecimento pode se tornar notícia e dar o que falar a uma rede de profissionais em torno de um caso), formalismo russo, teoria política, história e, aqui, principalmente, Ramos menciona "o outro Branco" para distingui-lo do terapeuta narrativo e daquele que extrai a previsão da trama (White, H., 2003), análise de discurso, tradução e outras múltiplas referências poéticas e literárias (Ramos, 2001a, 2001b). Seu modelo aproveita as contribuições e tenta ir além das limitações das terapias narrativas, fazendo amplo uso de documentos escritos para apoiar os diversos fóruns de conversação e, assim, criar o público-testemunha, que endossa as histórias alternativas incipientes (Linares, Pubill, & Ramos, 2005; Ramos 2015; Ramos, 2007). Ramos propõe que o terapeuta seja um arquiteto ou orquestrador do diálogo, pois nem todos os discursos ou todas as pessoas têm o mesmo peso e poder na rede ou no Sistema Determinado pelo Problema (SDP). Trata-se de acalmar alguns com tato para encorajar outros que até então não podiam ser vistos ou ouvidos a emergirem com sua presença e voz (Ramos, 2002). Ramos, (2002) cita Madsen (2007) que trabalha com famílias americanas multiproblemáticas para assumir a posição de "Aliado Apreciativo". A partir da compaixão e da aliança terapêutica, o fórum abre-se para escolher alguns temas fundamentais para a família, antes da sessão, e projetá-los para o futuro. Ramos apropria-se desse recurso, transforma-o e melhora-o, tornando-o em uma ferramenta fundamental através da qual ajuda a família a situar-se nas conversas que tiveram até agora em torno do problema, para os ajudar a ativar seus próprios recursos e capacidades. Não se trata apenas de uma lista de questões ou temas que são abordados na consulta, mas, a partir de sua construção apoiada em recursos literários e terapêuticos, esses temas são narrativizados para tratar do que se fala, para que possam continuar falando sobre conversas e histórias mais favoráveis, quer entre os próprios familiares, quer com quem estes decidam, incluindo outros profissionais que também possam estar cuidando deles (Ramos, 2008). Talvez até o próprio terapeuta os ajude enviando um relatório escrito aos demais profissionais sobre o que foi visto na sessão, mas através dos mesmos clientes, o que acaba sendo uma estratégia poderosa diante dos profissionais e empoderadora para a família (Ramos, 2021). Um último elemento importante é o papel da convocação de sessões e análise de indicações. Decidir quem convidar ou quem comparecerá à consulta já é uma ferramenta terapêutica que pode servir para dar voz a quem mal consegue ser ouvido. Mas Ramos (2021) faz uso brilhante da "convocação dividida", com a qual se dá ilusão de alternativas ("se fizerem isso ou acontecer aquilo, vem toda a família, mas se fizerem isso ou acontecer aquilo, só as filhas virão"), em que se pode mudar qualquer alternativa, que também serve para antecipar boicotes terapêuticos ou dissolver impasses ("se as coisas vão bem entre vocês dois, vocês dois vêm continuar com a terapia de casal, mas se o problema de bebida do homem se complicar ou continuar presente, que ele venha sozinho para ver como podemos ajudá-lo.

Terapia comunitária

Também aprendemos com aqueles que trabalham com uma perspectiva comunitária. A clínica posta a serviço do trabalho comunitário é uma grande proposta, que acreditamos ser o futuro das psicoterapias. A intervenção vai além dos recursos familiares para incorporar a rede de apoio social, tema que será analisado ao final desta publicação.

Um dos recursos metodológicos propostos para a intervenção é o diálogo. A esse respeito, Roll, Mira, Idárraga e Cárdenas, (2017) apontam que:

> [...] o diálogo na terapia comunitária permite a construção de significados e histórias, cumprindo um papel fundamental, para quem

> narra e para quem escuta, encontrarem pontos em comum no sofrimento, mas também nas soluções, permitindo-lhes saber que não estão sozinhos. (p. 1).

Um bom exemplo é reconhecer que o problema da violência doméstica não é um problema privado, mas sim público. Não é exclusivo da família, mas de toda comunidade rodeada por um problema estrutural.

O diálogo é o canal para se reconhecer mutuamente uma realidade e permite falar abertamente sobre as várias formas de enfrentá-la e, se houver um problema ou dilema, reconhecê-lo nela para que se enfrente junto esse problema, como uma comunidade. Essa é uma das bases da terapia familiar crítica de terceira ordem.

O diálogo terapêutico: dos usos da linguagem ao diálogo solidário

A terapia familiar crítica de terceira ordem baseia-se na premissa de que quando um sintoma aparece em uma pessoa é porque, em algum momento, foi rompido o diálogo na família, em sua rede de apoio e consigo mesma, ou seja, ela já não conversa. A família pode conversar, reclamar, gritar uns com os outros, insultar etc., mas sem que o diálogo intervenha como veículo de comunicação. A ruptura do diálogo entre a família gera abusos e exclusões, que são o prelúdio da psicopatologia. A busca terapêutica deve centrar-se no desencontro produzido pela ruptura da comunicação, no seu sentido mais amplo. A família e a pessoa são os especialistas no desentendimento, embora não saibam como resolver o conflito. Como foi apontado, as crenças ou mitologias de verdade, em si, rompem com o diálogo, e podem ser representadas pelas patologias estruturais referidas anteriormente; são antidialógicas, só são aceitas devido à sua condição de verdade.

No contexto terapêutico, clientes e terapeutas devem estabelecer pontes, andaimes, que expressem colaboração bidirecional, os primeiros como especialistas do seu mal-estar e nós como profissionais de saúde. A conversa se situa a partir de uma posição crítica para reconhecer todos os fatores estruturais praticados tácita ou explicitamente que produziram o desentendimento e aniquilaram o diálogo. Sobretudo, saber por que eles mesmos não conseguiram restabelecer o diálogo e resolver o desacordo que os paralisava. Os sintomas são a expressão do corpo diante da situação, tal como vimos apontando. A sintomatologia pessoal é considerada um tipo de resistência "passiva" a sistemas que interferem no diálogo.

Aqui nos aprofundamos nos conceitos de diálogo terapêutico e diálogo solidário. Para isso, citaremos diversos autores que influenciaram nosso modo de olhar, para traçar nossa perspectiva e, assim, ao final, chegar à honestidade crítica, que dignifica a pessoa e restaura o diálogo solidário.

O diálogo como construtor da realidade psicossocial

Nos capítulos anteriores, concluiu-se que a identidade e os processos psicológicos são de natureza social e simbólica, conversa-se a partir das emoções e o poder é inscrito em um quadro simbólico, razão pela qual o diálogo se torna objeto de estudo e metodologia de intervenção psicoterápica de terceira ordem aqui proposta. Porque é a partir do diálogo que é possível explorar empiricamente essas dimensões. Para isso, a exemplo da Escola Finlandesa, tomaremos o russo Mikhail Bakhtin (1979a, 1979b.) e outros autores que influenciaram a tessitura do que chamaremos aqui: diálogo solidário.

O diálogo como contexto complexo de significados

O que é diálogo? Para Mikhail Bakhtin (1979a, 1979b), o diálogo é um contexto complexo. Ou seja, abrange não apenas a expressão linguística, mas também a esfera do silêncio significativo, do suposto, do não dito, do indizível ou do inefável. O significado da voz que soa alterna-se com o significado do calar, do silêncio que é uma pausa no processo de enunciação, de troca discursiva. O domínio do discurso inclui, portanto, não apenas o que é estritamente vocalizado, mas também gestos e expressões corporais, pausas, ausências, respostas tácitas, sentidos mudos. Para além dos limites das formas verbais, também é discurso qualquer forma totalmente séria de autoexpressão do ser humano, desde o abraço e a carícia até a dança e a sinfonia (Gardner, 1993, p. 40-41, citado por Bubnova, 2006).

Essas características tácitas e contextuais do diálogo são fundamentais para o processo clínico; porque se pode observar, por exemplo, que sem falar podem ser feitos acordos ou, ao contrário, uma discussão com elevado conteúdo linguístico pode mostrar que se está em desacordo. É por isso que o diálogo é um contexto complexo de significados que transcende o linguístico e o cognitivo para se situar em todo o cenário relacional.

O diálogo como um ato social

Bakhtin (1979a), assim como Vygotsky (1991), Mead (1972), Wittgenstein (1988) e Habermas (1990), aponta que qualquer uso da linguagem é de natureza interindividual. "Tudo o que é dito, tudo o que é expresso se encontra fora da 'alma' de quem fala, não pertence apenas a ele" (Bakhtin, 1979a, p. 300). Para Bakhtin o movimento da vida "interior" é motivado e estruturado completamente pelas travessias permanentes de fronteiras (limites); pelo que acontece nestas zonas de indeterminação, onde "eu" me comunico e reajo ao "outro" (ver Shuare, 2010, p. 452). Ou seja, quando uma pessoa fala, sempre outro se apresenta na palavra" (Shuare, 2010, p. 452). É por isso que Bakhtin aponta que a realidade "individual" é construída mediante um diálogo permanente e, neste, sempre estão os outros. Ou seja, o ato simbólico, como expressar uma necessidade, um mal-estar ou uma alegria, é sempre de natureza social; porque, na necessidade individual legítima, o reconhecimento pelo outro exercerá um papel importante para satisfazer essa necessidade ou reconhecer aqueles que fazem parte do mal-estar ou da alegria. Por exemplo, no caso das "mil virgens", somente quando Juan reconheceu as necessidades de Paty, sua filha, e de Estela, sua esposa, como dignas de respeito à autonomia e ao compromisso, respectivamente, o ato do diálogo encontrou a força para gerar bem-estar.

O diálogo como consciência afetiva

Para Bakhtin (1979a, 1979b), os aspectos afetivos do diálogo são fundamentais, porque é a partir deles que se constitui o bem-estar. Fizemos referência anteriormente ao amor de Maturana: "Se não estou na emoção que inclui o outro em meu mundo, não posso ser responsável por seu bem-estar [...] Apenas se aceitamos o outro, ele se torna visível, tem presença" (Maturana, 1997, p. 110). Ou a empatia solidária que Che demonstrou: "sentir a dor dos outros como se fosse sua". A partir dessa consciência afetiva, o diálogo ganhará maior força social e é aí que surge o amor indignado. Como observado no caso da depressão de Pedro, quando todos os familiares foram reconhecidos como "vítimas" do crime organizado e da falta de um Estado protetor, ocorreu um sentimento de indignação coletiva, que permitiu o reencontro dialógico entre eles. Esse ponto é fundamental para a terapia, porque não se trata apenas de focar nas necessidades emocionais individuais, mas também de reconhecê-las no quadro das demais necessidades daqueles com quem se convive diariamente. Iremos nos aprofundar nesse tema mais adiante.

O diálogo como constituição da pessoa

As palavras só existem em forma de diálogo, assim como o sujeito, o eu, só existe na interação com o outro, que lhe dá origem no momento em que lhe dirige a palavra através de um tu, para que possamos reconhecer humildemente: "eu também sou". Ou seja, só no diálogo é possível que se constitua a pessoa, que está envolta em uma relação, e é nesse momento, somente nesse ato social, que aparece isso que se denomina realidade psicológica, ou de constituição de um sintoma.

Já vimos essa ideia anteriormente. O *self*, a identidade e a consciência como produtos do diálogo também estão fundamentados na psicologia de Vygotsky (1991), no interacionismo social de Mead (1972), na etogenia de Harré (1982). É impossível que estas unidades psicológicas apareçam e continuem a evoluir fora de um contexto socioemocional simbólico.

Isso significa que aparecem outras qualidades psicológicas substanciais, como a individualidade progressiva referida por Habermas (1990), a autonomia (Erikson, 1989), a intencionalidade e a vontade (Bruner, 1991) e a expansão da consciência (Medina, 2019), características que permitem constituir a singularidade, a autonomia, a liberdade e a consciência da pessoa, conceitos de natureza dialógica, ou seja, social. Tudo isso acontece através do diálogo.

O diálogo autorreferencial crítico-ético

Bakhtin (1979a) destaca que "toda comunicação é um ato ético e responsável", qualidade substancial que se torna, para o tipo de psicoterapia que aqui propomos, um grande recurso psicoterapêutico. Nenhum comportamento ocorre em terreno neutro ou impessoal, pois sempre haverá um cenário social, um cenário cultural, uma crença onde esse diálogo é produzido e comunicado, o que está dentro da "doxa" de Bourdieu (2006). Quando há diálogo, sempre há corresponsabilidade pessoal e coletiva. O processo terapêutico visa fazer com que o cliente reflita criticamente sobre si mesmo ao abordar um tema nodal, para se ver sempre no contexto, na consequência e na responsabilidade, ou seja, o eu crítico é estimulado a partir da perspectiva dos outros.

No caso das "mil virgens", o efeito terapêutico sobre Juan não acontece até que nele seja desmantelado o poder simbólico patriarcal, como se fosse uma verdade absoluta e inquestionável; até que ele tenha consciência de que é o intermediário e através dele funciona a estrutura patriarcal, como em uma rodovia. Diante disso, ele assumirá a responsabilidade pelas consequências de seus movimentos, e só então poderá relacionar seu comportamento imponente sobre Paty com as fugas dela, e sua infidelidade com a depressão de sua esposa. É nesse ponto, e não antes, que poderá seguir ou não os desígnios do patriarcado como opção de vida, e estar em uma posição crítica de liberdade de escolha.

Sobre isso, Sennett (2012) destaca o sentido ético como o exercício a ser desenvolvido para que o diálogo se torne uma cooperação deliberada bem-sucedida, pois é necessária a mediação entre diversas pessoas e interesses, e a ética leva as pessoas a constituírem um diálogo no qual podem observar as consequências de suas próprias ações em relação a pessoas que não são como elas, mas que vivem juntas. Esse diálogo de "observar-nos nas consequências" leva, segundo o autor, a uma maior consciência de nós mesmos: "um eu agente, cooperativo e amoroso", embora esclareça que para alcançar tal exercício de cooperação é necessário um certo grau de competências, e destaca especialmente a "habilidade dialógica", que ele descreve como "saber ouvir, comportar-se com tato, encontrar pontos de acordo e administrar divergências ou evitar frustrações em uma discussão difícil" (p. 20).

A este respeito, Polanco (2016) menciona que, para que um diálogo apresente consciência ética, deve ser solidário, o que implica um tipo de ética porque "as diferenças não são uma ameaça, mas uma promessa. Através de relações solidárias, reconhecemo-nos mutuamente na nossa humanidade e dignidade, e não há lugar para nos anularmos devido às nossas diferenças. A humanidade e a dignidade de ambas as partes estão ligadas por um compromisso coletivo, uma vez que reconhecemos a nós mesmos (p. 183). E conclui que é nas fronteiras onde reconhecemos uns aos outros, e vice-versa, criando vínculos a partir dos quais podemos buscar opções para transgredir padrões imorais [...] Dessa forma, podemos agir a partir de uma posição mais respeitosa em relação a condições sociais e históricas, raciais e de gênero que compartilhamos de diferentes maneiras". (Polanco, 2016, p. 183).

O diálogo solidário

Até aqui poderíamos salientar que é no diálogo que a existência da pessoa se torna presente, mas sempre será em uma cena representada. Bakhtin

(1979a, 1979b), assim como Mead (1972), Vygotsky (1991) e Wittgenstein (1988), aponta que o eu se constrói em um diálogo permanente, no qual sempre estão os outros. Nossos pensamentos, sentimentos, ações são um diálogo entre os outros e o contexto.

Dada a qualidade constitutiva do *self*, no diálogo, a terapia familiar crítica de terceira ordem procura transformar o diálogo em solidário, entre a família, a comunidade à qual pertence e a rede do cliente.

Se ao diálogo for agregada a condição solidária, este se torna um grande recurso psicoterapêutico, a partir de onde um mesmo grupo familiar e comunitário gerará soluções para seus dilemas, divergências, desafios, problemas etc. A questão obrigatória é: o que é solidariedade? E como pode o diálogo entre as pessoas tornar-se um encontro solidário?

Solidariedade como ato coletivo

Bauman (2016) diferencia tolerância de solidariedade. A tolerância permite que o outro seja quem é, mas a solidariedade presta atenção também às necessidades especiais de diferentes pessoas. A solidariedade é um ato coletivo, nunca individual. O Programa das Nações Unidas para o Desenvolvimento (PNUD, 2000) afirma que a propriedades intrínseca da:

> [...] solidariedade é interessar-se pelo "outro" e isso significa: valorizar o outro, enfatizar a cooperação, reduzir a competição e o individualismo, compreender as consequências para os outros das próprias ações, exercer as "virtudes cívicas", aproximar-se da realidade dos mais [necessitados]. (PNUD, 2000).

Nesse sentido, Martín-Baró (1995, 1998) aponta que a solidariedade seria um comportamento pró-social, cuja especificidade reside no fato de contribuir para a justiça social e para a responsabilidade coletiva e que, portanto, deveria ser permanente e distribuída na variedade da interação e convivência social.

Román, Tomicic e Avendaño (2007) mencionam que a solidariedade como fundamento da vida social seja uma condição *sine qua non*, imperativa, isto é, que a sociedade seja fundada (ou deva ser fundada) sobre uma espécie de vínculo em que: a) cada um responde (ou deve responder) pelos outros, e vice-versa; b) responder pelo outro é (ou deveria ser) uma questão "minha"; e c) cada membro é (ou deveria ser) responsável pelo destino social como um todo. Enfim, a sociedade se baseia na solidariedade dos seus membros e na solidariedade do vínculo que eles estabelecem entre si.

Diante disso, pode-se dizer que a solidariedade é um diálogo em si, é uma prática socioemocional em que as pessoas se olham e reconhecem a si mesmas no contexto e na corresponsabilidade. É um diálogo amoroso, no qual o outro tem prioridade sobre as necessidades individuais e, ao final, essa prática tem como resultado um retorno satisfatório para si mesmo.

Como podemos tornar possível que as pessoas diminuam o seu ego, desmantelem uma crença ou mitologia irrefutável que aniquila o amor e cega a colaboração a partir de uma abordagem de apoio que nos permita olhar, ouvir e sentir a perspectiva e as necessidades do outro?

Solidariedade como ato empático

Richard Sennett (2012), em seu livro *Juntos. Rituales, placeres y políticas de cooperación* (*Juntos: os rituais, os prazeres e a política da cooperação*),[1] sugere um caminho para a construção de um cenário terapêutico onde o diálogo solidário seja facilitado entre a família.

Para Sennett (2012), a solidariedade é em si um diálogo, é "a atenção e a sensibilidade com as outras pessoas" (p. 30). Saber ouvir é uma habilidade de alto nível que envolve:

> [...] prestar muita atenção ao que os outros dizem [...], valorizando o significado dos gestos e dos silêncios, bem como o dos enunciados. Mesmo que para observar bem tenhamos que nos conter, a conversa resultante será uma troca mais rica, de natureza mais cooperativa, mais dialógica. (p. 30).

Para o autor, a arte de ouvir envolve "projetar-se para fora, o que reduz o ego [...] a imersão do eu em um todo mais amplo que o engloba" (p. 31). Essa habilidade é certamente difícil, mas básica para o tipo de psicoterapia aqui proposta. Em outros lugares chamamos isso de "expansão da consciência" (Medina, 2018a).

Sennett aprofunda a conversa dialógica para distinguir entre simpatia e empatia como ferramentas do diálogo. Ele retorna a Adam Smith, em

---

[1] Sennett, R. (2019). *Juntos: os rituais, os prazeres e a política da cooperação*. Editora Record.

Teoría de los sentimientos morales (*Teoria dos sentimentos morais*)[2] (2010), para definir simpatia como a inclinação de "colocar-se no lugar do outro, e assimilar cada circunstância de angústia que possa afetar o sofredor [...] mesmo em seus incidentes mais insignificantes" (p. 39). Ele considera a empatia de maior complexidade: "Uma pessoa deve ver a si mesma no outro, não apenas como um próximo [proximus] humano, mas nos incidentes mais insignificantes, que na verdade costumam apresentar grandes diferenças de uma experiência concreta a outra" (p. 39). Ver o outro como pessoa digna implica, necessariamente, abrir a possibilidade de ouvi-lo e olhar para si mesmo nesse ato dialógico. É um exercício circular e dialético ao mesmo tempo, um périplo do eu.

Esse exercício dialógico empático enriquece o "eu", expande-o, no sentido de reconhecer o outro como parte da sua existência e bem-estar. Por exemplo, uma mãe com os filhos, um médico com seus colaboradores e pacientes, uma jovem com os amigos mais próximos, uma criança com seu time de futebol, um pai com a filha adolescente etc.

Sennett (2012) aponta que o diálogo empático é circular, afeta a ambos por igual, é um exercício de construção identitária.

> Tanto a simpatia quanto a empatia transmitem reconhecimento, e ambas ocorrem em vínculo, mas uma é um abraço, enquanto a outra é um encontro. A simpatia transcende as diferenças através de atos imaginativos de identificação; a empatia apresenta atenção ao outro em sua particularidade. A empatia é um exercício mais exigente, pelo menos na escuta; o ouvinte tem que sair de si mesmo (dissolve-se no outro e com o outro). (p. 40).

Sennett (2012) acrescenta que a empatia, como parte do exercício dialógico, contém sua própria recompensa emocional (p. 41), pois, ao ser visto e ouvido mutuamente, acontece em uma troca a aceitação e o reconhecimento do outro e de si mesmo.

Diante disso, o diálogo solidário é definido como uma troca de reconhecimento mútuo, onde o outro tem prioridade, é uma escuta a partir da qual a pessoa atende com atenção genuína às necessidades particulares do outro e, nesse exercício, se reconhece como parte do mesmo cenário, expandindo sua consciência e transformando suas ações em atos cooperativos.

---

[2] Smith, A. (2015) *Teoria dos sentimentos morais*. São Paulo: Martins Fontes.

Essa é a essência do diálogo solidário e representa um grande recurso para a terapia crítica de terceira ordem, o terapeuta torna-se um mediador de encontros, para gerar um quadro social organizado que gira em torno da solidariedade e da dignidade das pessoas.

A história a seguir tentará exemplificar a natureza do diálogo solidário e suas consequências no bem-estar mútuo e na saúde.

Uma história fantástica[3]

As melhores ideias e métodos de intervenção são aprendidos da e na vida cotidiana. Ouvir com atenção as histórias de vida das pessoas ao nosso redor é, para os terapeutas, uma fonte inesgotável de conhecimento. Quando as pessoas estão conversando, falam de si mesmas, de seus relacionamentos, seus problemas, preocupações ou de suas alegrias, felicidades e bem-estar. Também mostram no diálogo suas crenças, emoções, rede de apoio e as diversas estratégias que usam para resolver as vicissitudes que surgem em suas vidas. Os diversos contextos cotidianos são o melhor laboratório psicossocial, sem cenários pré-fabricados ou entrevistas roteirizadas. Harré (1982), partindo da etonogenia, delineia uma psicologia social que parte da crença de que é nos diversos cenários da vida cotidiana que se constitui o psicossocial e onde se pode observar o vínculo entre o individual e a estrutura. Diante disso, propõe que a pesquisa deve se aproximar desses cenários, de onde é possível reconhecer o marco moral, as regras de atuação, os aspectos expressivos e práticos do comportamento em seu contexto de produção.

Nesse sentido, Lehr e Thomae (1994) propõem estudar o comportamento humano a partir do cotidiano das pessoas. A vida cotidiana como metodologia leva a ampliar a perspectiva para além dos indivíduos, e até mesmo da família, para colocá-los todos juntos no palco. "Além da passagem de um único dia, ou de vários dias, deve-se analisar uma determinada parcela da vida, limitada por fatores sociais, biográficos, ecológicos ou biológicos, para registrar as qualidades da experiência e do comportamento da vida cotidiana" (p.15). Isso leva ao reconhecimento de um "contexto de sentido", a partir do qual se tece a integração da individualidade, da memória, da percepção, dos pensamentos e das emoções na relação particular, com os

---

[3] Tivemos o consentimento para que esta história fosse publicada, protegendo a identidade dos participantes. Nomes, idades e outras informações que permitiriam sua identificação foram alterados.

outros e em circunstâncias específicas, tudo isso é o que dá significado ao comportamento individual.

Em outras palavras, é nos contextos cotidianos que as identidades e os relacionamentos são mostrados de forma mais autêntica. Este é o caso de Maria e Sara:

> *A primeira é uma mulher de 74 anos, que perdeu o marido há apenas um ano, vítima de câncer de pulmão. Eles tiveram um casamento que durou 50 anos. Tiveram duas filhas — ambas já casadas — e cada uma delas é mãe de uma criança. Maria e seu marido viviam o ninho vazio há dez anos. Atualmente, Maria vive sozinha.*
>
> *De sua parte, Sara é uma mulher de 45 anos, sem companheiro ou filhos, vive há dez anos com sua mãe, quando a diagnosticaram com esquizofrenia.*

Em um encontro com amigos para o qual fomos convidados, conheci Maria — tia do meu amigo — uma mulher elegante e educada, que o meu amigo elogiou pela sua boa aparência, o que estimula o diálogo entre eles. O resto de nós limitou-se a ouvir atentamente a sua palestra.

> *Maria agradece o elogio e o convite, expressando com seu sorriso uma atitude positiva, em todos os sentidos. Ela passou por momentos difíceis quando seu marido estava com câncer, mas agora ela se sentia, aparentemente, muito melhor. "Como você bem sabe, ressalta Maria, a doença foi consumindo seu tio aos poucos. Isso causou no tio uma terrível tristeza e desespero, que ele expressou com muita raiva da vida e de todos, principalmente de mim. Tive que suportar muitos abusos por parte dele, embora entendesse sua raiva, seu desespero. Pelo amor que tinha por ele, fui muito paciente: cuidei dele e o acompanhei até o fim todos os dias. Foi muito cansativo, mas considero uma forma de me despedir com amor".*

Quando Maria contou esse episódio da sua vida, seu corpo e seu rosto mudaram completamente. Seu sorriso desapareceu, mostrando uma expressão séria, que revelou um pouco de sua dor quando falava.

Meu amigo perguntou a ela o que estava lendo no momento. Era óbvio que Maria era uma mulher culta, amante da leitura de romances com qualidade literária, especialmente aqueles que combinavam histórias biográficas com momentos históricos de uma determinada cultura. Antes de responder, ela nos informou que tinha em casa uma grande biblioteca com mais de três mil títulos.

Maria respondeu que não estava lendo nada no momento. Que se dedicava duas vezes por semana a dar aulas de culinária para a filha de uma de suas melhores amigas. "Ela me perguntou se eu poderia ajudar a filha dela, que tinha tido uma crise psicótica há dez anos e desde então tomava remédios, tinha tido várias crises e era totalmente dependente dela. Ela também me contou que estava preocupada com a filha porque desde que recebera o diagnóstico da doença, seus desejos e aspirações de vida foram diluídos a ponto de desaparecerem, de saírem de cena. Minha amiga esperava que eu pudesse despertar o interesse da filha pela confeitaria, pois ela conhecia minhas habilidades como tutora e cozinheira. Certa vez, sua filha disse que gostaria de aprender a preparar sobremesas. Então ela pensou em mim. Aceitei imediatamente", diz Maria.

"Há seis meses dou aulas de culinária para Sara em casa. Essa é sua principal atividade, além do dia a dia e das visitas dos netos e filhas. Agora com a pandemia, não há muito o que fazer."

Maria conta que na primeira vez que levaram Sara para a aula, ela pensou: "no que eu me meti?", porque as mãos de sua aluna tremiam e ela não falava com fluidez, além de ter reações muito lentas. "Presumi que isso se devia à ingestão dos medicamentos."

Maria menciona que depois da primeira aula ficou pensando a noite toda se deveria continuar ou não, porque era muita responsabilidade não só dar a aula, mas também cuidar de Sara; mas refletiu e destacou sua lealdade para com a amiga e que o compromisso assumido seria levado até o fim.

Maria menciona que as aulas continuaram e se tornaram, aos poucos, uma atividade prazerosa. Ressalta que, enquanto cozinham, Sara pergunta muitas coisas a Maria sobre sua vida e sua família. "Conversamos muito, embora ela não goste de falar da família." Maria destaca que Sara é uma mulher hipersensível, detalhista, é uma mulher boa e honesta. "É interessante o que aconteceu", acrescenta Maria, "as aulas de confeitaria viraram uma conversa amigável, onde fazíamos companhia uma à outra".

Maria destaca que Sara parou com os tremores nas mãos e sua fluência discursiva melhorou consideravelmente, "e sempre me agradece pela paciência que tenho com ela".

Maria menciona que o único sintoma que Sara apresentava atualmente era a obsessão com os preços dos ingredientes de confeitaria. "Um dia ela me perguntou onde eu comprava os produtos e eu respondi. Sara me perguntou se um dia eu a levaria comigo ao mercado".

"Não demorou muito e tomei coragem, organizamos uma visita ao mercado para comprar os ingredientes para as sobremesas. Combinamos de nos encontrar na minha casa para ir ao mercado. Saímos muito cedo." Maria destaca que foi uma experiência de sensações diversas, a primeira de desespero porque Sara, obcecada por preços, fez uma exploração minuciosa de todas as lojas do mercado para comparar os ingredientes. "Foi difícil para ela decidir qual seria a melhor escolha." Maria explicou que preços são importantes, mas que há outras coisas que também são fundamentais, como a qualidade do produto e a sua frescura.

As compras duraram a manhã toda, até meio-dia. "Vi Sara com muita energia e entusiasmo naquele mercado cheio de gente, produtos, cheiros e ruídos, mas, apesar da obsessão pelos preços, nunca perdeu o estilo."

Naquele momento entrei no diálogo e perguntei a Maria como ela se sentia em relação àquela experiência. Seus olhos expressavam alegria; estavam cheios de conteúdo e profundidade. Maria me contou que no começo foi difícil, mas hoje, depois de seis meses, ela vê uma Sara diferente, mais solta, mais independente, já viaja de Uber e, acima de tudo, tem um projeto de vida: ser confeiteira. Embora deva confessar que as coisas foram boas não apenas para a Sara, "foi uma experiência fantástica, senti-me muito bem, tornou-se uma parte boa da minha vida, que hoje me conforta. Fazemos companhia uma à outra, conversamos muito, rimos, criamos novas sobremesas, enfim, acho que nos tornamos boas amigas. Espero com alegria os dias de aula de confeitaria com Sara. Ela tem sido muito boa comigo".

A sororidade como diálogo solidário

O diálogo entre Maria e Sara tem um conteúdo humano e solidário de grande aprendizagem para a terapia familiar crítica que defendemos aqui. O diálogo é de vaivém, implica um olhar íntimo e mútuo de reconhecimento que impacta as identidades e o bem-estar. Essas cenas da vida cotidiana e não terapêutica constituem um grande recurso empírico para os profissionais de saúde. Este seria o objetivo da psicoterapia familiar crítica: restaurar o diálogo solidário entre as pessoas, no seu ambiente natural, nos contextos onde vivem.

Essa fantástica história leva a três reflexões importantes:

Primeiramente, o encontro entre duas pessoas começa com a emoção do amor, à qual se fez referência antes, o amor de Maturana (1997): fazer com que a outra pessoa se sinta digna como a outra, e torne-se solidária, porque os preconceitos culturais, neste caso, a psicopatologia psiquiátrica, não interferem em seu encontro. E desse amor foi tecida uma história biográfica.

Em segundo lugar, e não menos importante, o vínculo solidário se constitui a partir do reconhecimento do gênero, está impregnado de sororidade. Esse termo foi cunhado a partir da teoria feminista por Marcela Lagarde (1992), que o define como "uma forma cúmplice de agir entre mulheres". A partir daí, o conceito expandiu-se para descrever mulheres que se reúnem como uma irmandade, para trabalharem solidariamente a partir de um ideal comum e alcançarem um objetivo. Foi o que aconteceu entre Maria e Sara. Nesse encontro entre mulheres, elas não só se divertem, acompanham e cuidam, como se revela o bem-estar pessoal de cada uma delas, a partir de um pacto entre mulheres.

Terceiro, é importante perceber que a relação de bem-estar que existia entre Maria e Sara transcende os limites da família consanguínea. De passagem, Maria ressalta que elas não têm um bom relacionamento familiar, com a mãe existe uma certa tolerância, mas ela se sente constantemente rejeitada por ela, sob ameaças de controle; por outro lado, não há relacionamento com as irmãs, parece que houve um problema que elas não conseguiram resolver. Maria e Sara tornaram-se uma família de escolha, mãe-filha, onde é possível enfrentar o mal-estar, com acompanhamento, reconhecimento mútuo e amor, é onde surge a resiliência. Tema que abordaremos no último capítulo.

Capítulo 10

O pensamento crítico de terceira ordem

O pensamento crítico de terceira ordem

A crítica como eixo a partir do qual se situa o cenário terapêutico leva, inevitavelmente, a uma reflexão sobre o papel político desempenhado pelo terapeuta e pela psicoterapia. Portanto, a reflexão crítica deve situar-se em duas direções: em direção à própria prática psicoterapêutica e em direção ao processo em si.

A psicoterapia como contexto sociopolítico

Manrique (1994), em sua publicação *La psicoterapia como una conversación crítica* (A *psicoterapia como uma conversa crítica* — sem tradução no Brasil), afirma que nenhuma psicoterapia pode ser classificada como neutra, portanto, qualquer uma delas deve deixar muito clara e aberta sua posição política e ética em relação à formação social dominante. É por isso, voltando a Bourdieu, aponta que é necessário incluir na "psicoterapia uma reflexividade crítica [...] que mostre a lógica do seu discurso e os interesses, desejos e valores que assume como condicionantes do pessoal na ordem social" (Manrique, 1994, p. 45). Em outras palavras, ser neutro implica não questionar nada, posição contrária ao espírito da ciência e da própria psicoterapia.

> Ao não assumir uma posição crítica do sistema social, assume-se implicitamente uma posição a favor. Supõe-se que os sofrimentos ou escolhas das pessoas nada têm a ver com o sistema socioeconômico em que surgem os sintomas e transtornos mentais. Ou assume que a psicoterapia nada pode fazer a respeito. (Manrique, 1994. p. 46).

Para tanto, Parker (1999) propõe tomar o conceito de desconstrução de Jacques Derrida como um modelo crítico que intensifica a análise da prática psicoterapêutica para explorar o que é dado como certo na práxis clínica, como os textos de verdade, que organizam todo o *setting* terapêutico.

Para Parker (1999) uma psicoterapia de desconstrução é intensamente crítica. O texto da psicoterapia deve ser entendido como um processo em construção, dinâmico, em movimento, para permitir a entrada na desconstrução do trabalho psicoterapêutico, ou seja, tornar visível criticamente o que é dado como certo e assumido como verdadeiro à luz do devir clínico, e não como um estado de técnicas ou princípios irrefutáveis.

Cecchin, Lane e Ray (2011) utilizam a palavra irreverência, que se refere a nós mesmos como profissionais de saúde, à teoria e às técnicas que são aplicadas para ressaltar que sempre temos que ser objetos de escrutínio e de autocrítica aberta.

Diante disso, a terapia familiar crítica de terceira ordem é um espaço seguro, afastando-se de um compromisso psicoterapêutico aberto que não se baseia em narrativas e princípios de verdade, mas aberto à análise crítica e contextual, e que trabalha pela justiça e pela inclusão.

A psicoterapia crítica como desativadora das patologias estruturais

Quanto à sintomatologia, Manrique (1994) afirma que nada é natural. A natureza é uma invenção do poder. São construídos enredos do real que visam colocá-los além da discussão ou da crítica porque são naturais. Não há nada natural no ser humano. Tudo é cultura. O biológico, o corpóreo também é vivenciado a partir de uma perspectiva cultural, conforme revisado nos trabalhos de Vygotsky (1991) e Luria (1995). Até a morte é um acontecimento dessa natureza, construído e desenhado através das tradições e costumes que moldam a percepção do mundo de uma comunidade específica.

"A crítica se refere ao conjunto do sistema social em que vivemos [e refere-se especificamente] à sociedade capitalista de consumo" (Manrique, 1994, p. 49). Por exemplo, o sintoma da fobia é conceituado como:

> [...] um produto do encontro de um modo de ser com um modo de viver em um contexto social (familiar e político). A fobia pode ser entendida como algo que se constrói para se defender de uma situação difícil, que passa de um conflito externo a um conflito interno. (Manrique, 1994, p. 48)

Isso exige deixar clara a crença básica a partir da qual partimos, de acordo com as menções de Vygotsky (1991) e Mead (1972): a pessoa e o psíquico, incluindo suas emoções, são de natureza social. A sua existência não poderia ser compreendida fora desse contexto, ou seja, "a sua compreensão de si e dos outros, a sua intersubjetividade, é definida através do seu mundo de relações" (Manrique, 1994, p. 52). Diante disso, a psicoterapia se concentra em restaurar o diálogo crítico solidário que permite exorcizar a psicopatologia do indivíduo, localizá-la nos modos de vida que eles próprios produzem, a partir de mandatos estruturais.

Por sua vez, Parker (1999) destaca que a psicoterapia crítica é um "lugar para a reflexão, a resistência e a criação de agência para a transformação" (p. 1). Para isso, propõe o "texto" como categoria metodológica, que considera um recurso metodológico narrativo que permite ampliar a perspectiva e a complexidade. O texto, para o autor, é matizado pela contextualidade, ou seja, o indivíduo com o social, o pessoal com a família, a família com a cultura. A soma de todos provoca imediatamente um olhar sobre as relações de poder que sustentam as narrativas. Para Parker (1999), este seria um dos propósitos da psicoterapia crítica: refletir sobre a ligação entre o pessoal e o político, sem reduzir um ao outro com esse processo.

Aderimos à proposta de Parker (1999) que aponta que a psicoterapia é ao mesmo tempo respeitosa e crítica, o que a torna um processo complexo e contraditório. Respeitosa significa trabalhar em conjunto com o cliente, a partir de sua narrativa saturada que justifica e valida seu mal-estar. No entanto, "ser respeitoso não significa abandonar o ponto de partida — da narrativa saturada do cliente —, mas também não significa que o terreno onde nos posicionamos seja reconhecido como verdade inquestionável" (p. 3).

Ser respeitoso e crítico estabelece uma tensão dialética entre ambos os aspectos, embora essa tensão contenha um grande recurso terapêutico, pois navega ou passa de uma narrativa a outra, de um respeito absoluto pelo texto saturado que se expressa pela dor pessoal e interpessoal, até aquele que não é dado como verdadeiro e único, e o questiona, através de outro texto que o contradiz ou simplesmente percebe outra versão dos acontecimentos, e um diálogo de ida e volta é gerado. Parker (1999) destaca que a vantagem dessa metáfora dialética entre esses dois aspectos do respeito e da crítica intensa é que é possível representar a conexão entre o pessoal e o político.

Manrique (1994) conclui, sem antes advertir que não existem resoluções finais: todas estão abertas à reflexão crítica. Uma psicoterapia crítica deve tender à criação de um espaço tranquilo, no qual o impensável possa ser pensado, o indizível dito e o impraticável praticado; as singularidades que Pakman (2020a) menciona. E isso tanto na relação terapêutica como fora dela. A terapia torna-se, assim, um paradigma do espaço de relação do paciente com o seu mundo.

A psicoterapia crítica rompe a cadeia causal de apegos e hábitos do determinismo do passado, em outras palavras, do individualismo afetivo, para sentir a experiência, para ampliar a atenção para a imaginação e outras possibilidades não visíveis.

Diante disso, reconhecer o mal-estar individual de uma ordem social e a tensão dialética entre o respeito e a posição crítica facilitam a consciência de terceira ordem, a ligação entre as duas esferas da psicoterapia: o indivíduo com a estrutura social, produzindo um ato de rebelião, em que o consultor se torna um ator, que terá que enfrentar os sistemas dos sistemas do seu micromundo para recuperar o seu bem-estar.

Diante disso, fica claro que ser crítico não significa simplesmente reconhecer o cenário onde ocorre a organização social e onde a pessoa atua com certas características que o determinam; antes, é compreender como surgiu tal cenário de mal-estar. Portanto, a terapia familiar crítica de terceira ordem concorda com Parker (1999) quando menciona que há uma preocupação especial com "a justiça na psicoterapia, que está entrelaçada com a justiça social em um mundo em que a terapia se torna necessária" (p. 4). Conclui que "os movimentos críticos de desconstrução do poder na psicoterapia também estão interligados e o trabalho terapêutico voltado para a esfera sociopolítica é explicitado" (p. 4). Essa posição psicoterapêutica não alimenta a revitimização, o pessimismo ou a utopia revolucionária. Pelo contrário, gera um ator político que trabalhará de forma crítica pela sua saúde e bem-estar.

O compromisso ético do terapeuta

Ambos os contextos críticos — a psicoterapia em si e o processo terapêutico — levam à reflexão sobre o papel ético do psicoterapeuta. Nesse sentido, Morales e Gálvez (2012) destacam que "o terapeuta deve entender o impacto ético de sua prática aos olhos do outro e a consequência prática de si mesmo que reproduz ou transforma em suas ações" (p. 50). O papel do terapeuta "não se reduz apenas a um facilitador de conversas, mas sim a aquele que contribui para que esse outro se enfrente/confronte, com a sua moralidade, ao mesmo tempo que faz o mesmo no exercício de fazer psicoterapia". (Morales & Gálvez, 2012, p. 51).

Esse vínculo de responsabilidade ética do terapeuta implica uma ação de hospitalidade, o que significa:

> [...] ter no encontro com o outro uma atenção permanente significa [...] garantir que o outro nunca seja esquecido, que nem mesmo a intencionalidade de si em acolhê-lo seja esquecida. O acolhimento e o hospitalidade tornam-se, então, as modalidades de atuação no encontro com o outro: o psicoterapeuta enfrenta o seu outro, a pessoa

> que está à sua frente, com a intenção de hospitalidade [...] Quando agimos, outra pessoa que exige de nós hospitalidade estará sempre presente. (p. 10-11).

Ressalta-se que o terapeuta não pode estabelecer uma relação de apego com o cliente, deve ter uma abordagem emocional profissional respeitosa, é um colaborador que o apoiará para se reconectar criticamente com aqueles com quem perdeu o diálogo, e com eles resolver juntos problemas contextuais que limitam suas liberdades. Somente com eles o abraço, o reconhecimento e o acompanhamento terão efeitos terapêuticos.

Isso não significa que não se estabeleça uma aliança terapêutica empática, em que os clientes percebam o terapeuta atento às suas legítimas necessidades, um terapeuta amoroso, no sentido de que a pessoa se sente digna ao olhar do terapeuta, mas também um grande aliado que fica indignado junto com a família perante o abuso estrutural. Nesse sentido, o terapeuta tem um compromisso ético com o cliente, seu sindicato e a sociedade.

Diálogo solidário crítico

Para que o diálogo solidário tenha relevância terapêutica, ele deve ser crítico, para que os familiares cuidem uns dos outros diante dos ataques duros e sedutores da estrutura.

Por um lado, a crítica como recurso promove a ruptura, o deslocamento de narrativas saturadas, expõe-nas para questioná-las como se fossem realidades naturais ou verdadeiras, para desmantelá-las como construções sociais, culturais e históricas. Diante disso, a posição crítica na terapia produz mudanças e também torna visíveis experiências que são eclipsadas pelas compreensões dominantes. Embora a crítica também possibilite tornar visíveis novas realidades possíveis, o que Pakman (2020a) chama de poética. A esse respeito, Gergen (2005) menciona "a dúvida reflexiva [...] é um meio de reconhecer realidades alternativas e, assim, dar voz a novas relações" (p. 161).

Por outro lado, o exercício crítico para ter propriedades terapêuticas deve ser realizado por meio do diálogo solidário. Solidarizar-se com o outro significa indignar-se junto a ele. Mas é uma indignação amorosa, ou seja, aceitando a pessoa como legítima, para que quando manifeste sua discordância, seja genuinamente ouvida. Ingrediente que abre a possibilidade de diálogo sem preconceitos, conforme sugerido pela Equipe Reflexiva e pela Escola da Finlândia; um diálogo amoroso como proposto por Maturana (1997), e digno, como Freire (1970, 1971) faz parecer. A chave para uma psicoterapia eficaz é estarmos juntos a partir de uma posição crítica, que desmonta o desconforto da sua constituição estrutural e micropolítica, para criar novos cenários, explorar outras formas de se relacionar e, com isso, novas subjetividades.

Diante disso, o diálogo solidário é definido como uma associação estreita e íntima, em que as pessoas adquirem conhecimentos detalhados, privilegiados e compartilhados, um grau de compreensão emocional mútua que implica um olhar profundo e honesto sobre si mesmo e sobre o outro. O diálogo solidário repara a confiança e a segurança nos outros e em si mesmo. (Tenorio, 2010; Maureira, 2011).

Mudança terapêutica: rumo à honestidade crítica

Até aqui foi dito que todos fomos culturalizados a partir de um sistema de crenças, fazemos parte delas, nos tornamos tais crenças, a existência depende delas. Portanto, é difícil nos rebelarmos contra essas crenças porque delas somos feitos. A rebelião é contra nós mesmos, e o processo terapêutico pode ajudar nisso, de forma a explorar outras formas de ser. A questão é, então, por que temos que nos rebelar? Porque há outras pessoas com quem partilhamos a vida: companheiro, família, colegas, amigos, etc. É nessas relações e em vários contextos que a nossa existência está representada e pode gerar um problema de convivência com os outros, com os qual temos que negociar constantemente. Portanto, vale uma auto-observação sistêmica de si mesmo.

A chave para que tal auto-observação tenha verdadeiro mérito terapêutico é que ela seja feita a partir de uma posição autocrítica. Revelar-nos para o que somos, é aí que podemos ver a dimensão estrutural da existência e aqueles intermediários de poder que nos lembram todos os dias como devemos ser, sem sair do roteiro, das expectativas, da lealdade, dos mandatos e dos valores estruturais — família patriarcal, individualismo desarticulado, classe social, êxito e sentido da vida em torno do hiperconsumo etc. —, e só nesse momento poderemos conhecer as qualidades e forças que nos sustentam, e então fazer uma reflexão crítica que nos leve à indignação e resistência da própria vida; é um exercício de expansão da consciência. Até então, é possível explorar genuinamente outras formas de ser que permitam a convivência e, com isso, gerem verdadeiras mudanças terapêuticas. Este seria o objetivo final de uma terapia crítica de terceira ordem: repensar e apropriar-se de outras formas de ser.

O caso a seguir tem o objetivo de mostrar a honestidade crítica como base da mudança terapêutica.

Caso: a revelação de Carmen.[1] Primeiro contato

Carmen entra em contato por telefone com o Instituto Tzapopan para atendimento psicológico. Ela é encaminhada pela escola onde sua filha Sofia, de dez anos, estuda. Ela apresenta comportamento atípico, embora seja brilhante nas atividades acadêmicas. A professora ressalta que a vê ansiosa e pouco tolerante com os colegas.

Sem aprofundar mais sobre o sintoma, perguntamos quem mora na casa. A mãe responde que só ela e Sofia, que é filha única. A mãe se separou do marido há um ano. Perguntamos se Sofia convive com o pai e Carmen responde que sim. A mãe, o pai e Sofia são chamados para a primeira sessão.

Caso: a revelação de Carmen. Primeira sessão

Participam da primeira sessão Carmen, 45 anos; José, 49 anos, e Sofia, 10. Após se apresentarem, a família é recebida na sessão terapêutica e a família de origem é explorada para que o genograma seja traçado. Antes de falar sobre o motivo da consulta, foi seguido o protocolo de exploração da vida cotidiana. Solicita-se à família que descreva um dia típico na semana, desde a hora em que se levanta até a hora em que vai dormir.

A mãe começa e ressalta que ela e Sofia levantam às 5h30 para se arrumar, tomar café e ficarem prontas. O pai chega todas as manhãs às 6h30 para encontrar Sofia para levá-la à escola. Carmen é professora primária em uma escola perto de sua casa, diferente daquela onde Sofia estuda.

Carmen sai do trabalho às 14h, vai para casa almoçar, fazer algumas tarefas e arrumar a casa para quando Sofia chegar.

O pai menciona que pega Sofia todos os dias para levá-la à escola, vai buscá-la às 14h, e a leva para casa para comer ou, às vezes, vão a um restaurante. Eles ficam juntos até as 17h, então ele deixa Sofia na casa de Carmen e volta a trabalhar até as 21h.

---

[1] A família aqui analisada assinou um termo de consentimento para que o caso fosse publicado, desde que protegendo sua identidade. Nomes, idades e outras informações que permitiriam sua identificação foram alterados.

A mãe conta que, quando Sofia chega, como rotina de todos os dias, primeiro faz a lição de casa, depois arruma e limpa o quarto, depois prepara tudo o que deve levar à escola no dia seguinte. Então pode assistir TV ou ler um livro.

Perguntamos a Sofia se ela tem amigos perto de onde mora e se sai para brincar, ou se convida e é convidada para fazê-lo regularmente. Sofia ressalta que não, que não tem amigos porque não tem tempo para fazer os deveres de casa. Continuamos perguntando se ela tem amigos na escola, e ela comenta que tinha, mas agora as coisas mudaram. Desde quando? Responde há vários meses. Sofia convive principalmente com a mãe e o pai, e às vezes com os primos, quando visitam os avós de ambas as famílias. Ela ressalta que isso geralmente acontece todo fim de semana.

Conversamos com Carmen sobre a rotina de casa depois que Sofia chega do jantar com o pai. Ela define a si mesma como uma pessoa muito organizada, pela disciplina derivada do exemplo de seus pais. Ela tem um método para cumprir seus objetivos: coloca adesivos na porta da geladeira e tem que marcar todos os dias um x quando o objetivo é alcançado. Quanto às tarefas escolares, a mãe ajuda a filha em tudo, já que é professora da educação básica. Quando Carmen traz menciona o tema do dever de casa, Sofia fica inquieta. Perguntamos a Sofia como sua mãe a ajuda e ela responde, demostrando certa ansiedade, que muito bem, que a mãe explica o que ela não entende, e olha para a mãe em busca de aprovação por sua resposta. Em relação às atividades domésticas, Carmen responde que a rotina sempre foi assim desde os dois anos de idade: o quarto de Sofia deve estar sempre limpo porque é o local onde se dorme. Sofia menciona que ele está sempre limpo e bem arrumado, e, com o olhar, a mãe aprova as palavras da menina.

Perguntamos se elas brincam juntas e Carmen diz que não têm tempo, porque a mãe tem muitas coisas para fazer para o trabalho, preparando as aulas e o material didático. Notamos que a mãe não é exigente apenas com Sofia, mas também consigo mesma.

Perguntamos à Sofia sobre o que ela e o pai fazem quando saem para almoçar. A menina relaxa e a mãe se curva, com o olhar voltado para o chão. José menciona que gosta muito da companhia de Sofia, que conversam muito sobre o que ela faz e gosta de fazer. Que, para ele, esses são os melhores momentos do dia. Sofia diz que gosta de algumas brincadeiras.

Em seguida, perguntamos sobre o fim de semana. Sofia pode ficar com o pai ou a mãe, o que faz regularmente, mas se ele tem algum compromisso, ela acaba ficando com a mãe.

Com o pai, vão ao cinema, visitam os avós, onde Sofia brinca com as primas e primos, ou vão ao shopping etc. Algo similar acontece quando está com a mãe, mas é raro irem ao shopping ou fazer alguma atividade lúdica. Até aqui percebe-se que existe um tipo diferente de relacionamento entre Sofia e sua mãe, e ela está mais próxima emocionalmente do pai.

Caso: a revelação de Carmen. Motivo da consulta

Perguntamos por que eles vieram para a consulta. A sessão ficou tensa. A mãe lembra que na escola a diretora mencionou que Sofia necessitava de atendimento psicológico. Embora fosse excelente na parte acadêmica, tinha um comportamento muito ansioso e não era muito tolerante com os colegas. Sofia diz que seus colegas têm inveja dela porque ela sempre faz melhor o dever de casa e termina as atividades antes deles, e, como consequência, não a convidam para brincar com eles, e também a insultam porque a chamam de gorda.

O pai fica surpreso e pergunta a Sofia por que ela não lhe contou que a estavam insultando para que ele resolvesse isso na escola. Carmen acrescenta que sua filha é a melhor da turma e isso provavelmente irrita os colegas. Observamos que, apesar da proximidade que apresenta com o pai, Sofia não conta para ele sobre o mal-estar na escola.

Apoiando inicialmente a explicação de Sofia e sua mãe, com o objetivo muito claro de gerar uma aliança com todos, informamos de imediato que iremos rever o assunto trazido à pauta com o diretor e a professora para que possamos observar bem a situação do contexto, onde Sofia é excluída e maltratada pelos colegas.

Continuamos conversando, dessa vez focamos em Sofia. Pedimos que ela nos contasse a última vez que brigou com seus colegas e a incentivamos a narrá-la como se fossem cenas diferentes de um filme. Quantas cenas aparecem, o que aconteceu, onde estavam, quem estava lá, o que aconteceu primeiro, o que ocorreu durante o problema e qual foi o resultado. Pedimos que ela contasse cada cena detalhadamente, não só o que todos diziam uns aos outros, mas também o que faziam e como ela se sentia. Foi um exercício reflexivo, no qual Sofia pôde se ver e se analisar ao mesmo tempo pontuando os fatos, no qual reconheceu sua emoção e reação aos ataques desqualificantes de suas amigas. Apesar da pouca idade, conseguimos fazer com que Sofia se observasse no contexto, e, ao final, perguntamos a ela o que havia aprendido com aquelas cenas. Ela ficou vermelha e percebeu que a situação a fazia se sentir mal e que reagia com agressividade; em uma reflexão autocrítica, mencionou que teria que reagir de forma diferente. Sua honestidade consigo mesma foi reconhecida. Seus pais ficaram surpresos com a consciência que a filha tinha sobre a situação e sua atitude autocrítica. Continuamos a realizar essas conversas com Sofia em outras sessões, mesmo que apenas para apoiá-la no enfrentamento, partindo de outras emoções e ações, desses cenários. Embora soubéssemos que a origem de sua ansiedade e falta de paciência não fossem originadas nesses cenários, isso era apenas a expressão de seu sintoma.

Nesse momento, pedimos para que Sofia saísse do consultório por alguns minutos para que conversássemos com seus pais.

Caso: a revelação de Carmen. Sessão apenas com os pais

A sós com os pais, perguntamos como estavam em relação à transição familiar após a separação há um ano, pois vimos — quando narraram o seu cotidiano — uma parentalidade unida e, sobretudo, responsável de forma favorável a Sofia. O pai comenta que no início foi difícil porque tomou a decisão de se separar. Carmen ficou surpresa e reagiu muito mal, mas conversaram bastante, e o pai prometeu não as deixar sozinhas, e disse que cuidaria de tudo para que ambas ficassem bem. Perguntamos o motivo da separação e ele mencionou que no início do casamento tudo ia muito bem, mas vários anos depois do nascimento de Sofia, não se sentia confortável com o relacionamento. Ele pensou muito sobre o assunto e chegou à conclusão de que eles tinham modos de vida completamente diferentes: "Não quero dizer que o da Carmen é ruim, somos apenas diferentes e não consigo lidar com o estilo dela. Eu não estava feliz, me sentia preso, sem ser eu mesmo. Então a confrontei e conversei com Carmen para resolver e não foi possível, então tomei a decisão de me separar".

Perguntamos se eles haviam ido a algum profissional para ajudá-los, e a resposta foi não.

Depois de muitas discussões, chegaram a um bom acordo: "nossa prioridade sempre foi Sofia. E foi assim: eu convivo com ela todos os dias. Na verdade, sem tentar insultar a Carmen, propus que, caso ela se sentisse sobrecarregada com a responsabilidade de ficar com Sofia, poderia assumir a custódia dela. Sou responsável não só pela manutenção da casa, aluguel, alimentação e todas as necessidades das duas. Para mim, não é um problema. Faço isso com muito prazer e sei que, se Carmen estiver bem, Sofia também estará".

Carmen confessa que a separação ainda é difícil para ela, que ainda não entende por que José foi embora. Ela sabe o que ele diz, e está muito presente na vida da Sofia, "...mas é algo que não é racional, ainda sinto a perda com muita amargura. Sinto-me sozinha com a grande responsabilidade de educar a Sofia", que ela tem a parte difícil, ou seja, as obrigações, e ela acaba sendo a malvada nesse filme. José insiste que pode ajudar mais se ela quiser. Validamos o sentimento de saturação e responsabilidade que Carmen assume, e fizemos com que ela visse que isso é muito comum nas separações, costuma haver um sentimento de solidão para muitas mulheres e que esse tema seria trabalhado em algum momento da sessão.

Dissemos a eles que o processo terapêutico estava apenas começando, e que íamos focar em Sofia, para que diminuísse sua ansiedade e lidasse melhor com os colegas, pois já tínhamos um panorama geral para um bom início. E agradecemos a honestidade de Carmen e José.

Caso: a revelação de Carmen, primeira observação: o corpo

Carmen e José não têm outros companheiros, praticamente se dedicam a trabalhar e criar Sofia. Vale ressaltar que a aparência física de Carmen é a de uma mulher desmazelada, seus cabelos não estão bem penteados, ela não usa maquiagem, está acima do peso e suas roupas são como as de uma mulher mais velha. Por outro lado, José é um homem em boa forma, bem-arrumado e exala aroma de loção.

Caso: a revelação de Carmen. A devolutiva da primeira entrevista

Convidamos a Sofia a entrar e fizemos uma devolutiva, salientando que havíamos visto pais muito responsáveis, e que, apesar da separação conjugal, eles estavam conseguindo estabelecer acordos a favor da Sofia, e isso demonstrou o seu grande amor pela filha.

Um exemplo disso é que eles estavam ali juntos, para apoiá-la diante do problema que surgiu na escola. Comentamos que Sofia era uma menina muito inteligente, mas que também era hipersensível ao olhar de todos, não só dos pais, mas também dos amigos, e que isso era um traço do início da adolescência.

Agradecemos a honestidade de todos ao contarem seu quotidiano e, sobretudo, a grande inteligência da Sofia que, soube relatar o problema com muita clareza, e reiteramos que estávamos todos ali para apoiá-la.

Sentimos que conseguimos estabelecer uma aliança terapêutica com todos. Vimos os três satisfeitos e sorrindo com a devolutiva. Sofia estava calma saiu do consultório de mãos dadas com os pais.

Caso: a revelação de Carmen. As sessões seguintes

Nas sessões que se seguiram, voltamos a reunir todos e, tal como na primeira, cedemos espaço aos pais, à Sofia, à mãe e ao pai, dependendo dos temas que apareciam.

A separação foi trabalhada com os pais para que não interferisse na parentalidade, sem tocar no próprio centro da separação, apenas com o propósito de fazer uma aliança parental colaborativa em favor de Sofia. Aqui percebemos que Carmen não estava assimilando a perda, sentiu-se traída. Mas diante de um homem tão bom, que se sentia culpado, não havia argumentos para debater. Então conversamos separadamente com eles para explorar mais.

Nas sessões onde todos estavam juntos, trabalhamos com as necessidades de Sofia, que manifestou o desejo de ter mais amigos para brincar, e que não gostou que seus pais tivessem se separado, embora já estivesse dentro do tempo para assimilar isso. Nessas sessões, exploramos assuntos relacionados à mãe, que era extremamente rígida com Sofia, inflexível quanto à rotina, que se não fosse seguida, fazia com que a mãe mudasse de humor, motivo pelo qual Sofia se esforçava para não a impactar: se sentia, ao mesmo tempo, aceita e rejeitada. Era recorrente nas sessões a grande necessidade de Sofia de ser aprovada e validada pela mãe. Outro aspecto revisto foi a proximidade afetiva entre mãe e filha: não houve sinais de carinho ou abraços por parte da mãe. Sofia foi quem buscou o abraço da mãe, que sempre parecia emocionalmente distante. Sem dizer nada, Sofia percebia a rejeição da mãe e ficava atenta à sua aprovação. Com o pai, as expressões de carinho eram comuns e espontâneas.

O padrão com a mãe nos chamou atenção e decidimos dar a ela um espaço nesse processo.

Caso: a revelação de Carmen. Sessão apenas com Carmen, a separação

Na sessão com Carmen, perguntamos como ela estava lidando com a separação. Ela imediatamente responde que muito mal, ela não consegue digerir direito. Perguntamos o que mudou desde então e ela ressalta que não tem motivação para continuar, que a única coisa que a faz levantar da cama é a filha

Sofia. Que ela ganhou muito peso, que não se arruma mais e que está mais rigorosa nas obrigações de trabalho para consigo mesma. Perguntamos se ela havia procurado alguém para apoiá-la: seu médico de família receitou alguns antidepressivos, que ela continua tomando, mas não havia discutido a fundo o assunto. Ela comenta que sente uma ambiguidade emocional, por um lado, traída por José por tê-la abandonado, e, por outro, culpada por ele ter ido embora. Ela se censurou por não conseguir manter a família unida, por tudo já estar quebrado.

Esses sentimentos são muito comuns em famílias e casais tradicionais. Apesar de ter tido um bom acordo parental, existem sentimentos de fracasso. Para este tipo de família, ela deve estar sempre unida. O divórcio é um infortúnio familiar. Concebem uma família unida e indissociável, independentemente de haver abusos ou não. Dado este elemento estrutural ditado pelo patriarcado, decidimos explorar quem são as pessoas da rede de Carmen com quem partilha esse mesmo imaginário cultural.

Perguntamos a ela como sua família de origem recebeu a notícia da separação. Carmen destacou que todos desaprovam. "Me senti muito mal. Todos me viam como a culpada pelo fracasso do casamento. Meu pai sempre me diz que o vínculo matrimonial é sagrado e que eu deveria ter feito todo o possível para que José não fosse embora, principalmente por amor a Sofia." Perguntamos como ela se sentia em relação a isso e ela mencionou que estava decepcionada consigo mesma, que havia fracassado na vida, que a família é o mais importante e que tudo estava desfeito.

Esse é um dos sentimentos mais comuns que as mulheres com famílias de origem tradicional vivenciam na pós-conjugalidade. As mulheres não lidam apenas com a ruptura e o luto conjugal, mas também com a família de origem e com sua rede de apoio. O pacto patriarcal, que se manifesta com rejeição e exclusão a Carmen, acaba se tornando um luto circular em diferentes contextos socioemocionais. Carmen está presa em diversas frentes. Está sozinha. É um problema estrutural.

Caso: a revelação de Carmen. Sessão com Carmem, reflexão autocrítica sobre a parentalidade

Em outra sessão com Carmen, perguntamos se tudo que aconteceu com a separação havia interferido no seu relacionamento com a filha Sofia. Ela comenta que tem inveja do vínculo entre Sofia e seu pai. Desde a separação, ela não consegue ter um bom relacionamento com a filha. Perguntamos a ela, de forma direta, se ela tinha aumentado a rigidez nas suas obrigações com Sofia e consigo mesma. Sim, ela era mais rígida do que antes. Pedimos uma resposta honesta. Ela respondeu que sim. E se isso tinha alguma ligação com a separação, quando responde, aos prantos, que às vezes vê o pai em Sofia, com quem fica muito irritada por tê-la deixado sozinha. Ela não foi capaz de superar ou resolver essa circunstância dentro de si. Ela está ciente de que é errado acusar a filha pela situação. Carmen chora muito e agradecemos a ela pela honestidade em suas respostas, mas, sobretudo, pela autocrítica em relação a si mesma, o que confirma o grande amor que sente por Sofia.

Seguimos perguntando se tudo isso também tinha a ver com a relação com a sua família de origem, já que não havia se sentido apoiada nesta crise. Ela diz que sim, que a fizeram se sentir culpada por tudo, que ela havia perdido muito como mulher, e continua chorando.

Reconhecemos sua honestidade novamente, pois nos permitiu ver que ele estava lutando internamente com esse modo diferente de família.

"Compartilhamos com uma conjectura, acreditamos que todo esse cenário que você nos contou, a separação, mas, acima de tudo, não ter sentido o apoio da sua família de origem e dos seus amigos, te isolou e você enfrentou a maternidade sozinha. Isso dificultou a transição familiar e seu corpo sofreu com profunda tristeza. E isso provavelmente tem a ver com a ansiedade de Sofia." Ela balança a cabeça em aprovação, com o corpo curvado e chorando.

É aqui que surge a indignação diante de um modo de vida que estigmatiza a mãe solteira, a maltrata e a exclui, uma injustiça que milhares de mulheres divorciadas vivenciam. Seu corpo e sua biologia sofreram isso ao perder a saúde. A partir dessa contextualização pode começar uma resistência para encontrar novas formas de ser e fazer.

Convidamos Carmen a refletir sobre tudo o que foi dito na sessão. Pedimos para que pensasse sobre isso em casa. Ela diz que procurará uma saída. Que tipo de saída? Ela ressalta que precisa se recuperar como mulher, pensar em si mesma para poder conviver com Sofia de uma forma diferente.

Fizemos com que ela visse a grande sabedoria de suas palavras, que ela poderia contar conosco para recuperar sua autoestima através de uma resistência de autoproteção e respeito a quem tenta lhe impor certos comandos que interferem nela e em seu amor por sua filha; assimilar a perda conjugal e explorar seu novo jeito de ser mulher, a fim de restaurar sua saúde e seu relacionamento com a filha.

Resultados: a honestidade crítica como recurso psicoterapêutico

A honestidade é um valor moral que deve ser invocado na psicoterapia. Uma pessoa honesta é definida como decente, digna, justa e sincera. A pessoa honesta coloca as suas necessidades e interesses pessoais acima dos da justiça. A honestidade constitui e fortalece relações de confiança e respeito consigo mesmo e com os outros. Por isso é um recurso psicoterapêutico de terceira ordem.

Contudo, não é fácil ser honesto se o contexto exige de lealdade a crenças que colocam em risco a integridade das pessoas e a possibilidade de continuar a pertencer ao grupo. É por isso que é difícil ser honesto consigo mesmo, assim, nos enganamos constantemente. Por exemplo, hoje em dia é comum observarmos no campo clínico mulheres com uma ambiguidade relacional, exigida pelo próprio contexto: ser independente e ter sucesso profissional ou casar e ter filhos ou filhas para validar sua identidade feminina. Carmen estava presa entre a lealdade à sua família de origem e a sua nova realidade, não conseguia dar um passo à frente para se repensar como mulher e avançar em direção à nova família que tinha. A depressão de Carmen faz sentido neste contexto de duplo vínculo.

O trabalho terapêutico que conduz à geração da honestidade pessoal está centrado no reconhecimento do modo de vida do qual se participa, especialmente aquele que se baseia em crenças totalitárias que, verdadeiramente, prejudicam e aniquilam a reflexão crítica e o diálogo aberto, e apegam-se ao modelo de família nuclear heterossexual tradicional como o único que garante o bem-estar pessoal. A honestidade crítica, em princípio, é revelar-se a si mesmo, àquele modo de vida do qual fazemos parte, neste caso, o patriarcado — embora a sintomatologia seja a primeira resposta de resistência que o corpo expressa. Os outros estão nessa rebeldia, aqueles que nos treinaram nessas crenças e zelam por nós todos os dias. É por isso que alcançar a honestidade crítica sobre si mesmo implica sempre um trabalho de resistência à ordem social, àquelas pessoas com quem convivemos todos os dias e às quais devemos lealdade emocional.

Essa última sessão com Carmen foi fundamental. Ela fez uma reflexão honesta e crítica sobre si mesma, embora, em todos os momentos pudesse ser percebido o contexto de seu mal-estar. Nunca nada foi feito para parecer um problema individual ou pessoal. A contextualização foi, claramente, com nomes e sobrenomes, em que um poder foi imposto em torno do patriarcado. A visibilidade dos intermediários da patologia estrutural, neste caso, da patologia cultural patriarcal, é o ponto de partida para que seja feita uma reflexão crítica e honesta do mal-estar individual. *A partir de um discurso de tensão — tema que abordaremos no capítulo final — Carmen negociou consigo mesma a narrativa tradicional que lhe foi imposta, dando lugar a uma outra narrativa inovadora que faz surgir o respeito como mulher e mãe.* Isso leva à indignação amorosa, ao restabelecimento de um diálogo solidário consigo mesma e com a filha e, ao mesmo tempo, à resistência àqueles que operam um modo de vida que a fere, desafiando-os e diferenciando-se deles. Esse processo terapêutico leva Carmen a se reconhecer no padrão da corresponsabilidade, não como refém ou vítima das circunstâncias, mas como atriz que pode influenciar modestamente esses cenários, para, aos poucos, reinventar-se, reparar sua relação com Sofia, unir-se ao pai de Sofia para cuidar dela, acompanhá-la e dar atenção especial às suas necessidades como mulher.

Invocar a honestidade crítica é um processo doloroso, mas com resultados terapêuticos libertadores que empoderam a pessoa diante das contingências e dos dilemas estruturais que enfrentará no dia a dia. É honrar a necessidade de respeito próprio que Laso e Canevaro (2022) mencionam, embora deva sempre estar inserida em uma contextualização sociossimbólica que reconheça que essa necessidade está sempre entrelaçada com outras necessidades que se estruturam a partir de um determinado contexto. Assim, por exemplo, o olhar reflexivo de Carmen sobre suas necessidades faz com que ela mesma veja também as de Sofia, passando de um individualismo afetivo para uma emoção compartilhada.

Esse foi o momento mais crítico da psicoterapia, pois produziu uma mudança terapêutica em primeira pessoa. Carmen modificou sua aparência e cuidou de si mesma e de Sofia. Ela iniciou um processo de reparação com a filha. Isso foi imediatamente sentido pela filha, que é uma pré-adolescente hipersensível. A relação entre elas mudou e ficou menos rígida, mais aberta, flexível e, acima de tudo, Carmen estava muito atenta às suas necessidades. Sofia reduziu consideravelmente sua ansiedade, ficou mais tolerante com os colegas, que perceberam a mudança, e iniciou um processo de socialização mais intenso.

> *Em uma sessão apenas com os pais, abriu-se a possibilidade de encerrar a perda da separação. Carmen ressaltou que já tinha tudo claro. Admitiu para José que era muito difícil para ela e isso estava atrapalhando seu relacionamento com*

Sofia. José se aproximou de Carmen e ressaltou que se sentia culpado o tempo todo. Mas ele estará sempre por perto, o tempo todo caso ela quisesse conversar.

Além disso, Carmen iniciou um reencontro com suas amizades, com quem já não se encontrava mais. Além de se dar a oportunidade de conversar com outras pessoas ao redor, às quais não conhecia. Esse olhar sobre si mesma como mulher foi fundamental para uma mudança sistêmica de si mesma, que sustentou a mudança de segunda e terceira ordem, ou seja, a transição para a nova família foi finalmente feita.

O processo psicoterapêutico foi encerrado com toda a família, reconhecendo a grande mudança de Sofia, que destacou ter mais amigos. Damos as boas-vindas à pré-adolescência, que é uma fase de exploração mais intensa e emocionante, que com certeza irá gostar. E aos pais, que foram unidos por uma grande menina, Sofia, dissemos que tínhamos a certeza de que agiriam juntos, com sabedoria, diante dos desafios que a parentalidade traz nestes tempos.

Agradecemos a todos pela honestidade e autocrítica nesse processo e demos as boas-vindas à nova família.

Encerraremos este tópico com algumas conclusões teóricas fundamentais para compreender o poder do diálogo crítico consigo mesmo e com os outros para a mudança terapêutica de segunda e terceira ordem.

O "si mesmo", um construto de segunda e terceira ordem

Pararemos para revisar com maior profundidade o conceito de "si mesmo", tema que foi analisado anteriormente. O *si mesmo* tem sido objeto de estudo na psicologia e se posiciona como o elo que constitui a ação entre o social e o psicológico. Cooley (1922) menciona que o "*si mesmo* é como um espelho, ou seja, o si mesmo como construção erguida com as atitudes dos outros em relação a si próprio" (citado por Harré & Lamb, 1992, p. 398). Mead (1972) destaca que o si mesmo é a capacidade de se tomar como objeto da própria consciência ao qual fazemos indicações e respondemos, isto é, um ato "autorreflexivo".

Por sua vez, a segunda cibernética considera o si mesmo como um processo recursivo de autorreflexão pessoal coerente sobre o sistema de pertencimento do qual a pessoa participa (Maturana & Varela, 1990).

Por sua vez, Goffman (1987) menciona que o *si mesmo*, como personagem representado, não é algo orgânico, que tenha uma localização específica:

> [...] é um efeito dramático que emerge difusamente na cena representada [...]. Ao analisar o "si mesmo", nos distanciamos, então, de seu possuidor, da pessoa que mais se beneficiará ou perderá com isso, porque ele e seu corpo simplesmente fornecem o cabide no qual algo fabricado em colaboração ficará pendurado, por um certo tempo. E os meios para produzir e manter os "si mesmo" não se encontram dentro do cabide; na realidade, estes meios costumam estar normalmente trancados em estabelecimentos sociais. (p. 269).

Embora seja fundamental mencionar que a pessoa não é refém de ambientes sociais. A esse respeito, o interacionismo simbólico de Blumer (1982) e a etnometodologia de Garfinkel (1967), ambas as perspectivas se baseiam na crença de que os fenômenos culturais ou sistemas sociais não têm a capacidade por si próprios de se imporem às pessoas, mas que são eles que possibilitam a produção de fatos sociais em sua prática narrativa cotidiana. Colocando o si mesmo como ator de terceira ordem.

O si mesmo agente como recurso de terceira ordem

Essa tradição alerta que a ligação entre contexto e pessoa não é mecânica, mas reflexiva, o que nos permite reconhecer a qualidade de "agência" do comportamento individual. Nesse sentido, o si mesmo funciona de modo que "uma pessoa pode ser objeto de suas próprias ações" (Blumer, 1982, p. 9), e acrescenta que essa capacidade de autoconsciência faz dela um "organismo agente". Esse é o elo que se conecta com a singularidade e o contexto de pertencimento, o que permite influenciar a mudança terapêutica. A esse respeito, Spears, Doosje e Ellemers, (1997) acrescentam que "é politicamente importante preservar a distinção conceptual de agência (a intencionalidade do sujeito), embora seja igualmente importante reconhecer os elementos externos ou contextuais que ajudam esta agência a aparecer e desenvolver [...]". Assim como Freire (1970, 1971) e Martín-Baró (1995, 1998), acrescenta que "as pessoas são capazes de resistir ou de ter uma participação política mais ativa [...] o trabalho coletivo invoca o poder social real para além da individualidade [...] mostra ao si mesmo como uma agência de natureza social" (p. 539).

Como observamos acima, o "si mesmo agente" é constituído por uma espécie de "encontro dialógico". Para que invoque o agente atuante com consciência, é necessário que o diálogo tenha um componente crítico.

Invocar a honestidade autocrítica como recurso psicoterapêutico

Conforme revisto, a qualidade sociossimbólica da consciência e do si mesmo permite o surgimento da liberdade dos indivíduos, que se manifesta através da vontade do seu comportamento. É aqui que entra a psicoterapia para que essa vontade de ação seja socialmente responsável. Para isso é necessário invocar a reflexão sistêmica crítica de si mesmo. Nesse sentido, Habermas menciona que a individuação é um ato de posicionar-se envolvido na história, está contida em uma configuração biográfica autorreflexiva. Essa capacidade de se olhar como objeto de análise:

> [...] só é possível se o indivíduo se apropriar criticamente de sua própria biografia: em um ato paradoxal, tenho que me escolher como sou e gostaria de ser. A biografia torna-se o princípio da individuação [...] o sujeito autêntico deve a si mesmo a sua individuação, assumiu-se sob sua própria responsabilidade [...] Ao escolher-se como produto, pode-se dizer também que ele se produz. (Habermas, 1990, p. 203-204).

Isso conduz a um tipo de tensão dialógica sobre si mesmo, sobre o que se é e o que se poderia ser.

Outra observação fundamental sobre individuação, autonomia e vontade, importante para a terapia familiar de terceira ordem, é que os indivíduos aparecem apenas a partir da perspectiva sociossimbólica daqueles com quem interagem e, como revisamos, essa condição nunca é desenraizada socialmente de si mesmo e da identidade. Vygotsky (1991) acrescentaria que os indivíduos estão sempre imersos em uma cultura que exigirá, paradoxalmente, as mesmas instituições culturais, autonomia e responsabilidade individual. Uma armadilha bastante fictícia, pois o ato autônomo individual que é exigido pelos outros — família, escola, trabalho, comunidade etc. — implica atender às expectativas das referidas instituições ou grupos, que exigem que se aja com responsabilidade. É por isso que, diante de uma demanda tão paradoxal, o comportamento individual será avaliado a partir de expectativas culturais. Por causa disso, Carmen sentiu-se terrivelmente presa, do ponto de vista e avaliação da sua família de origem; qualquer tentativa de responder de outra forma para se libertar do mandato patriarcal iria aprofundar os abusos e as exigências da sua rede.

> Quem se realiza em uma biografia assumida em responsabilidade deve poder esperar o reconhecimento dessa mesma comunidade [...] a minha própria identidade, ou seja, a minha autocompreensão de um ser individuado que atua autonomamente só pode ser estabilizada se encontrar reconhecimento como tal pessoa. (Habermas, 1990, p. 231).

Mas se você se comportar de forma diferente do esperado, expressando verdadeiramente um ato de imaginação livre e inovador, ou singular, você será, em princípio, ignorado ou submetido, mas se insistir, será punido e excluído. As expectativas familiares de Carmen estão carregadas de cultura patriarcal, a partir de uma micropolítica familiar (Pakman, 2011), submeteram-na emocionalmente a ceder a qualquer tipo de rebelião.

Portanto, a terapia familiar crítica de terceira ordem tem uma relevância substancial: gerar uma reflexão crítica honesta em relação a si mesmo para mudar; significa necessariamente reconhecer criticamente os contextos estruturais que impõem o seu simbolismo e um modo de vida às famílias e aos indivíduos, a fim de se rebelar, algo que Carmen fez com sua família de origem e consigo mesma. Concluindo, um verdadeiro ato individual voluntário, criativo, livre e crítico será sempre um ato rebelde consigo mesmo e, ao mesmo tempo, com o contexto.

No entanto, essa rebelião deverá ser refletida criticamente a partir de uma posição dialógica, consigo mesmo e com o grupo com quem se enfrenta dilemas estruturais.

Capítulo 11

Diversidade familiar em um mundo em mudança

Diversidade familiar em um mundo em mudança

Para a Terapia Familiar Crítica de terceira ordem, a família continuará a ser o centro da nossa atenção, pois é onde são vivenciadas as emoções de maior intensidade e recorrência. Esse vínculo emocional impacta seus membros, positiva ou negativamente. Sobre esse assunto, Linares (1996) menciona que é aqui que a identidade é nutrida emocionalmente e o bem-estar pessoal é sustentado. Contudo, partindo da sociologia, Giddens (1991) aponta que:

> [...] na realidade, o lar é o lugar mais perigoso da sociedade moderna. Do ponto de vista estatístico, uma pessoa de qualquer idade ou sexo corre muito mais risco de ser agredida em casa do que na rua à noite [...] um em cada quatro homicídios é cometido por um familiar da vítima. (p. 219).

Por sua vez, Hattery e Smith (2020) fornecem evidências de que é na família que ocorre uma grande diversidade de violência e abusos: psicológicos, econômicos, físicos, culturais, religiosos, raciais, patriarcais, classistas etc.

A esse respeito, Stromquist (1998) sublinha que "as famílias são o local onde a solidariedade é promovida, mas são também o contexto de conflitos reprimidos e, por vezes, explícitos" (p. 137). Em suma, pode-se dizer que a família é o grupo emocionalmente mais importante para as pessoas, no qual se constitui a sua identidade única (Beck, 2003).

É por isso que a família, para a psicoterapia aqui defendida, é objeto de estudo empírico e de intervenção para explicar e enfrentar com maior força o mal-estar pessoal. Embora seja essencial conceituar, como já foi argumentado anteriormente, que o indivíduo, a família e o macrossistema existem juntos, eles não são entidades separadas.

Atualmente, existe uma diversidade de formas familiares, nenhuma consegue sustentar a sua universalidade, muito menos como a única que garante o bem-estar aos seus membros. Esta secção analisa a família nuclear comum e heterossexual, a diversidade de formas familiares que tornam visíveis o movimento feminista e os estudos de gênero, e as famílias que emergem da marginalização estrutural; aprender com esta diversidade e propor a família de escolha como modelo de enfrentamento às patologias estruturais.

Da família extensa comum à família nuclear heterossexual

Há mais de cem anos a família tem sido campo de estudo empírico e de intervenção das ciências sociais. Em particular, sociólogos, historiadores, antropólogos e psicólogos sociais descobriram que a família é de grande interesse na compreensão e explicação do comportamento em áreas que vão da macroeconomia à psicologia. Sua abordagem empírica foi dividida em três campos: parentesco, residência e economia (Cicerchia, 1998).

Cabe mencionar que o conceito de família é relativamente novo. A origem do termo está intimamente relacionada com uma concepção comunal tradicional; é, em si, uma palavra latina derivada de "famulus" (servo), que, originalmente, significava o lugar onde todos os escravos e servos viviam sob o mesmo teto. Posteriormente, o conceito foi deslocado para definir o lar onde o dono da casa, a esposa e seus filhos, bem como os empregados, viviam sob o mesmo controle (Medina, 2018a). Desde então, a definição de família vem se transformando e se diversificando.

Os estudos sociológicos e antropológicos sobre família na tradição funcionalista referiram-se principalmente a dois problemas: 1) explicar as mudanças no seio da família que surgem como resultado de transformações macrossociais, particularmente econômicas; e 2) compreender as diferentes funções que a família desempenha para a sociedade.

Concluem que as mudanças na estrutura e nas funções da família ao longo do tempo estão associadas ao modo de produção nas sociedades. Por exemplo, as sociedades pré-industriais, baseadas em pequenas unidades rurais, distinguiam-se por serem famílias extensas, que viviam sob o mesmo teto e conviviam com outras famílias, gerando uma espécie de comunidade de apoio mútuo. A este respeito, Stone (citado por Giddens, 1991) menciona que, embora existissem famílias nucleares na Europa entre os séculos XVI e XIX, elas viviam juntas abertamente e em cooperação com outros membros da comunidade.

A vida emocional das famílias rurais extensas

Stone (1977, citado por Giddens, 1991) salienta que o comportamento emocional intramuros nestas famílias era de distanciamento.

> As pessoas não vivenciaram nem buscaram a intimidade emocional que hoje associamos à vida familiar. O sexo dentro do casamento

não era considerado uma fonte de prazer, mas sim um meio de gerar filhos. A liberdade de escolha individual no casamento e em outros aspectos da vida familiar estava subordinada aos interesses dos pais, de outros familiares ou da comunidade. O erotismo ou amor romântico, fora dos círculos aristocráticos, em que era ativamente favorecido, era considerado, por moralistas e teólogos, uma doença. Como aponta Stone, durante esse período a família era "uma instituição aberta, discreta, nada emotiva e autoritária" (Stone, 1977, citado por Giddens, 1991, p. 193).

O surgimento da família nuclear heterossexual

Como resultado da revolução industrial do século XX e da migração do mundo rural para as cidades, a família lentamente começou a mudar. Leeder (2004) menciona que, do ponto de vista econômico, as famílias que viviam no campo e depois nas cidades foram afetadas em sua estrutura e em suas funções pela industrialização. A modernização da sociedade proporcionou novos serviços às famílias que não os possuíam no campo, e várias de suas funções de cuidado foram assumidas por outras organizações sociais ou pelo próprio Estado. Isso fez com que a família se separasse dos laços comunitários e vivenciasse novos fenômenos psicológicos em seus membros.

Foi o antropólogo Murdock, em 1949, quem realizou, em mais de 200 cidades, a primeira pesquisa intercultural sobre a família, concluindo que o tipo de família mais recorrente era a "família nuclear", que definiu como um grupo social universal, composto por adultos de ambos os sexos, dos quais pelo menos dois mantêm relação sexual socialmente aprovada, e um ou mais filhos, naturais ou adotados. Por outro lado, o autor menciona que a família nuclear cumpre quatro funções básicas: sexualidade (conjugalidade que controla o instinto sexual), reprodução (ter filhos na família para a sobrevivência e reprodução da espécie, e também da família *per se*), educação (por exemplo: a socialização das crianças, reconhecendo-as e amando-as, mas também educando-as em competências culturais básicas) e economia (divisão dos papéis de gênero: as mulheres em casa cuidam das crianças e da casa, os homens trabalham fora de casa e têm remuneração econômica).

Parsons (1943, 1949, 1971) concorda com Murdock (1949), que considerava a família uma instituição fundamental para as sociedades modernas, e a família nuclear era para ele o tipo ideal de estrutura que se encaixa, sem conflito, às exigências de uma sociedade industrial, particularmente devido à distribuição dos papéis de gênero:

> [...] o marido-pai é quem fornece os recursos econômicos por meio do emprego, enquanto a esposa-mãe fica em casa para zelar e cuidar das necessidades emocionais dos familiares [...] o marido-pai como líder instrumental e a esposa-mãe como líder expressiva. Tal diferenciação de papéis [...] era imprescindível, tanto para as necessidades da própria estrutura social como para evitar o estabelecimento de uma relação competitiva entre o casal que pudesse prejudicar a solidariedade da relação dos cônjuges. (Parsons, 1949, p. 55).

Essas conclusões tiveram um enorme peso cultural e político na legitimação científica da família nuclear heterossexual no século XX. Diante disso, consolida-se a família nuclear heterossexual patriarcal, que é promovida, estimulada e defendida por meio de políticas públicas, às quais se somam grupos religiosos e da sociedade civil que defendem esse modelo de família como se fosse universal, natural e moralmente aceitável (Medina, 2014).

O ciclo de vida da família nuclear heterossexual patriarcal como mandato "natural"

Um fenômeno implícito, mas não menos importante, que se estabeleceu a partir deste tipo de família foi traçar as fases do desenvolvimento da família nuclear, seu ciclo de vida: paquera, namoro, casamento, parentalidade com filhos e filhas pequenos, adolescência, emancipação de filhos e filhas, ninho vazio e velhice (Haley, 1980). Esse padrão foi moralmente normalizado com as diretrizes "corretas" a serem seguidas por uma boa família. O poder na constituição de um modo de vida em torno do ciclo vital foi e continua a ser enorme. No campo clínico, muitos dos clientes que chegam apresentando uma sintomatologia, mostram que esse mal-estar está relacionado com o fato de não terem concluído esse ciclo ou qualquer uma das suas etapas, principalmente mulheres e pessoas da diversidade de gênero: "Tenho 40 anos e não sou casada, tive um filho fora do casamento, meu marido me trocou por outra mulher, não tive filhos, tenho relacionamento homossexual, entre outros. A comunidade atribuiu um enorme peso moral ao ciclo de vida familiar patriarcal como um mandato "natural" e alguns até disseram que era "divino", impactando a identidade e as emoções das pessoas.

Consequências psicossociais da família nuclear: a privatização das emoções e a individuação das necessidades e da identidade

Poderíamos dizer que a família nuclear do século XX é a expressão emblemática do capitalismo industrial. Giddens (1991, p. 193) aponta que a família nuclear fragmentou os vínculos comunitários e até mesmo as famílias extensas baseadas no parentesco. Segalen (1988) indica que a contração da família é correlativa à:

> [...] extensão do meio social, da aldeia à cidade, da cidade ao estado; manifesta-se pela desagregação progressiva do comunismo familiar; as coisas possuídas em comum, que constituem o cimento da família, pouco a pouco vão sendo apropriadas individualmente. (p. 28).

O encolhimento da família produziu outro fenômeno psicológico, a privatização das emoções. Isto é, surgem as categorias divisórias entre privado e público, tal como os assuntos familiares se tornam privados. Este é o início no Ocidente da fragmentação da comunidade e da privatização das emoções. Como resultado de tudo isso, surge a entidade mais emblemática do capitalismo neoliberal: o individualismo e, com ele, o individualismo afetivo. É no século XX que o mundo dos apegos e das perdas emocionais aparece com força (Bowlby, 1993). O conceito vem da teoria do amor de Freud, porém, foi Bowlby (1993) quem, com base na família nuclear heterossexual, e após pesquisar crianças que viviam em orfanatos sem figura materna, apontou que o apego na infância, entendido como uma conexão duradoura que ocorre naturalmente em todos os seres humanos, é crucial para o bem-estar emocional das pessoas no futuro.

Por outro lado, Giddens (1991) destaca que o uso do termo "relacionamento" para a vida pessoal só começou a se difundir há algumas décadas, juntamente com a ideia de que "intimidade" e "compromisso" são necessários no âmbito privado (p. 189). Beck e Beck-Gernsheim (2001) mencionam que no contexto da globalização neoliberal surgem a individuação e novas formas de relações amorosas.

Os vínculos tradicionais começam a fragilizar-se e a partir:

> [...] da transição para a sociedade moderna surgem, em muitos níveis, tendências que introduzem uma individualização em grande escala, um distanciamento das pessoas dos seus laços [...] vão embora produzindo novas formas de pensar e agindo em um nível subjetivo. (p. 72-73).

Com isso conclui-se que existe uma correlação entre a família nuclear heterossexual, o patriarcado, o individualismo e a privatização das emoções.

Patriarcado como forma de vida

Na família nuclear heterossexual, estabeleceu-se o individualismo emocional e, com ele, um jogo de linguagem em torno do patriarcado. Este é conceituado como um modo de vida e um jogo de linguagem a partir do qual se constrói uma subcultura (Wittgenstein, 1988). No campo clínico, observa-se uma rede de poder implícita e tacitamente coordenada para conter e legitimar a família nuclear heterossexual patriarcal. Recordemos o caso das "mil virgens", Estela, esposa de Juan. Apesar da resistência gerada por estar legitimamente indignada com o seu marido por a ter traído com outra mulher, a sua resistência foi subjugada por uma rede de pessoas, não apenas por Juan. Sua família de origem fazia com que ela, como mulher, se sentisse culpada por não ter feito o suficiente para manter a família unida; sua rede de amigas a excluía do círculo por ser solteira. Estela sofreu rejeição da sua comunidade, por isso teve que fazer o marido voltar para casa. Diante disso, desta vez o corpo resistiu, mediante uma tristeza profunda, onde surge outro ator do patriarcado, o psiquiatra biológico que a diagnostica com depressão e lhe prescreve comprimidos para não sentir e pensar. Toda uma rede de cumplicidades que constitui um modo de vida, um pacto e, claro, os seus próprios monstros e psicopatologias.

Isso levou a uma crise psicossocial sem precedentes, que ainda segue ativa: as famílias são avaliadas e diagnosticadas a partir do imaginário da família nuclear heterossexual. O patriarcado constitui o "ciclo de vida familiar" que deve ser respeitado não só como regra, mas também para evitar adoecimentos. É assumir os papéis das mulheres e dos homens como se fossem condições universais e até naturais. Aqueles que não cumprem o imaginário da família nuclear heterossexual patriarcal são excluídos, maltratados ou assassinados. É isso que está por trás de um grande número de sintomatologias contemporâneas que se expressam no corpo e na psicologia da pessoa (Medina, 2018b), como fica evidente nos casos apresentados neste trabalho.

A esse respeito, Lagarde (2020) menciona que a opressão patriarcal não se localiza apenas nos padrões entre homens e mulheres:

> [...] esse mal está nas formações sociais, nos modos de produção e reprodução, na sexualidade, na economia e na vida social, nas instituições que o reproduzem. Está na subjetividade de mulheres e homens, em seu modo de ser e em sua personalidade. (p. 26).

Nesse sentido, Macías-Esparza e Laso (2017) mencionam que a terapia familiar de primeira ordem é patriarcal. Alertam para a existência de preconceitos de gênero na prática clínica, como também salientaram Walters, Carter, Papp e Silverstein (1991), e isso acontece porque são alimentados por pesquisas e formações que partem de uma perspectiva androcêntrica, na qual as mulheres são rotuladas e patologizadas a partir de uma visão sexista e não relacional com a perspectiva de gênero.

As incongruências metodológicas e os perigos da teoria social da família funcionalista

A todas essas críticas à família nuclear heterossexual, acrescenta-se outra de ordem epistêmica. Nos anos 1960, a teoria social funcionalista da família entrou em crise, a princípio devido às suas próprias inconsistências metodológicas, e nunca foi capaz de unificar uma teoria social da família (Hill, 1966). Por outro lado, a maior parte das pesquisas parte de um universo de famílias brancas, anglo-saxônicas e de classe média , negando implicitamente a possibilidade de que a classe social e a cultura sejam determinantes da estrutura familiar. E não expandiram a amostra para além de outros grupos familiares (Gubrium & Holstein, 1990; Stacey, 1990, 1993; Thorne, 1992).

Cheal (1991), Huntter (1981), Popenoe (1988, 1993) e Smith (1993) alertam criticamente sobre os perigos de ler os resultados das pesquisa familiares como universais e ahistóricos, uma vez que podem levar a estigmatizar alguns como desviantes ou anormais porque não se assemelham ao padrão da imaginação tradicional; estimulando negativamente o crescente índice de divórcios, relações extraconjugais, famílias baseadas na monoparentalidade, homossexualidade etc., sob o argumento da fragilidade ou mesmo da morte anunciada da instituição: a família. Nesse sentido, Salles (1993) destaca que toda tentativa de homogeneização, percepções e estudos sobre a realidade familiar (como o funcionalismo) buscam, sobretudo, um consenso moral, sem atender a outras manifestações e necessidades.

A família: novos rumos na pesquisa social

Cicerchia (1998) afirma que romper com a influência epistêmica do funcionalismo — que tentou durante décadas homogeneizar e justificar a família nuclear heterossexual como a "normal" — custou tempo e energia às ciências sociais. A crise da teoria funcionalista e da nova epistemologia abriu outras linhas de pesquisa. Uma delas levou a estudar a diversidade cultural e histórica das famílias, bem como a reconhecer e, sobretudo, valorizar diferentes formas de organizar e ser família que não estavam contempladas na teoria social da família tradicional.

A seção seguinte está dividida em dois campos a partir dos quais serão analisadas diferentes formas de família: o impacto da revolução feminina e os estudos de gênero e as famílias que surgem em condições de pobreza e exclusão estrutural.

A revolução feminina e seu impacto nas famílias

A grande revolução feminina que começou no século XX lutou pela igualdade e paridade de gênero, e foram várias as batalhas vencidas ao longo da história: o direito ao voto, o estudo nas universidades, o acesso a um trabalho bem remunerado e em boas condições dignas, o uso de contraceptivos, a prática sexual por prazer, a decisão de ter poucos filhos e em idade avançada, não os ter ou decidir tê-los fora do casamento, a possibilidade legal de interromper a gravidez, o reconhecimento da diversidade de gênero e o casamento igualitário. Desde então, a família nuclear heterossexual foi desmistificada como a única ou a melhor, reconhecendo outras formas de família. (Davis, 1998;Young & Willmott, 1974).

Nos anos 1970, surgiram os estudos sociais da família com uma perspectiva de gênero. A descoberta mais significativa foi o reconhecimento das diferenças na percepção e nos sentimentos de mulheres e homens. Por exemplo, Bernard (1972) aponta que na união conjugal e nas relações familiares existem dois casamentos e famílias ao mesmo tempo: o que ela vivencia e o que ele vivencia. Estudar a família nessa perspectiva leva a reconhecer a diversidade de experiências de convivência familiar e as tensões e dilemas que tais experiências provocam. Isso leva a contemplar outras histórias de família. A esse respeito, Cicerchia (1998) alerta que "a história não pode ser narrada senão por meio das diferenças, algumas delas, aliás, inconciliáveis" (p. 250).

A contextualização sobre os novos papéis e o empoderamento das mulheres na vida pública levou à abertura de novas linhas de pesquisa sobre a família e, sobretudo, ao reconhecimento de outras formas de família que o discurso tradicional não integra: as famílias formadas a partir da relação conjugal lésbica e homossexual; a família monoparental, a família baseada na coparentalidade poliádica; famílias reconstituídas; a família escolhida; a família pós-tradicional solidária e até mesmo famílias interespécies.

Família monoparental

A *família monoparental* é outra forma que está se tornando cada vez mais comum. São vários os motivos pelos quais surge esta organização familiar, e aqui nos referiremos apenas àqueles que acontecem *por opção*. O empoderamento, a autonomia e a liberdade das mulheres para escolherem seu próprio projeto de vida familiar, permitiu que elas pudessem optar por criar filhos e filhas sozinhas, sem corresponsabilidade parental.

A família baseada na coparentalidade poliádica

Baker *et al.* (2010); McHale *et al.* (2004); Talbot e McHale (2004), citados por Pla (2015), salientam que a forma de família baseada na parentalidade poliádica é constituída por uma rede de pessoas que cumprem a função parental de cuidar e acompanhar os seus filhos ou filhas. Ou seja, não inclui apenas pais ou mães, mas também outras figuras adultas da família extensa, amigos e tutores externos. Existem muitos fatores que levam à coparentalidade poliádica. Desde tempos recentes, as pessoas, devido à sua orientação sexual e diversidade de gênero, têm optado pela coparentalidade poliádica. Por exemplo, um casal homossexual que integra a mãe biológica na parentalidade, sem implicar compromisso conjugal. Essas formas familiares baseiam a sua relação no apoio solidário parental, independentemente da sua aprovação legal e dos compromissos morais tradicionais.

Famílias reconstituídas ou recasadas

Outra das batalhas vencidas pelo movimento feminista foi o direito ao divórcio. Isso gerou segundos e terceiros casamentos, e com isso famílias reconstituídas ou recasadas; que são constituídos por vários casamentos, onde vivem juntos filhos e filhas de pais ou mães diferentes. Os estudos sociais desta forma de família indicam que se observa uma complexidade nos vínculos, lealdades e intimidades. Ou seja, os pais dos próprios filhos e do casal geram certas habilidades relacionais para não romper os laços afetivos desta nova composição familiar (Beck, 2003).

Família de escolha

Outra forma de família que surgiu como parte da diversidade de gênero é a família baseada na conjugalidade homossexual ou lésbica. A pesquisa de Weeks, Heaphy e Donovan (1999) aborda o mundo dos casais homossexuais, que enfrentam a rejeição, o abuso e a exclusão que esse tipo de pessoa vivencia por parte de suas famílias consanguíneas, razão pela qual geraram uma alternativa familiar baseada na solidariedade, respeito e amor. Analisam especialmente o tipo de relacionamento, as formas de estabelecer o poder, a forma de negociação e os tipos de compromisso que instituem. Para concluir, propõem repensar a família tradicional, com as "famílias de escolha": que definem como uma "rede de ajuda mútua flexível, mas ao mesmo tempo forte, de amigos, amantes e até parentes, que fornece uma estrutura de desenvolvimento e cuidado mútuos, responsabilidade e compromisso com a autodefinição não-heterossexual" (*ibid*, p. 111). A proposta é tremendamente provocativa e sugestiva: as pessoas escolhem quem fará parte da sua rede familiar. Ninguém será capaz de lhes impor uma definição pré-fabricada de família. Abordaremos o tema mais tarde.

Família pós-tradicional heterossexual solidária

Como resultado da revolução feminina, também emergiu o casal e a família pós-tradicionais solidários (Medina, Méndez, Llosa, & Agulló, 2024). Esse tipo de família reconhece a igualdade de gênero e a diversidade de formas de casal e família. A pesquisa reconhece um novo imaginário cultural, uma narrativa diferente sobre o que uma mulher e um homem deveriam ser (Butler, 2017). A evolução nos papéis dos homens começa a ser observada, anunciando uma nova masculinidade (Endara, 2018). Há casais com papéis invertidos, em que eles cuidam dos filhos e dos afazeres domésticos e elas trabalham. Diante disso, os movimentos feministas e as teorias de gênero sugerem o desaparecimento da classificação de papéis entre homens e mulheres descrita anteriormente, apontando que essa narrativa faz parte do problema da desigualdade. Propõem a unificação dos papéis tradicionais através do conceito de "papel de cuidado universal", que é o reconhecimento e a remuneração pelo trabalho realizado por ambos. Ou seja, cuidar de filhos e filhas, fazer tarefas domésticas, trabalhar fora de casa, serão considerados trabalhos de igual valor e importância, pois juntos cuidam de si, do companheiro e da família (Hochschild & Machung, 1989; Fraser, 2003; Robledo, 2003; Robles, 2008; Ramos, 2015).

Pobreza estrutural e famílias excluídas de bem-estar

Outras formas de famílias que apresentam um vínculo direto com problemas estruturais são as marginalizadas. É inevitável falar de famílias sem nos referirmos à pobreza ou à exclusão estrutural, porque, como veremos a seguir, a pobreza é um imperativo que tem influenciado diretamente a configuração de formas familiares com dinâmicas *sui generis*.

Antes, cabe esclarecer que a pobreza e a desigualdade social em diferentes regiões do mundo têm suas próprias características, o que torna impossível generalizá-las ou compará-las.

Da pobreza e da exclusão estrutural, emergiu uma diversidade de famílias no mundo: a família cigana, as famílias extensas nas zonas urbanas dos países desenvolvidos, a família marginalizada nos países em desenvolvimento, a família multiparental, a família monoparental, entre outras.

A família cigana

Os ciganos são uma comunidade de origem indiana, que foram expulsos no século IX e imigraram para o Egito, onde também não foram bem-vindos. Desde então, este povo fragmentou-se e perambulou por vários países, especialmente da Europa Oriental e das nações mediterrâneas.

As famílias ciganas caracterizam-se por serem uma comunidade em si. A exclusão estrutural que experimentaram levou-os a agrupar-se e a fechar-se. A tranquilidade, o cuidado e a estabilidade dos seus membros são sustentados pelo vínculo diário entre as famílias. García (2006) menciona que as famílias ciganas se distinguem por serem um "sistema tradicional de organização social baseado no parentesco e desenvolvido em vários grupos familiares ligados por laços sanguíneos" (p. 41). A classificação se expande do grupo "Nuclear" (pais e filhos), "Nuclear ampliada" (pais e filhos mais parentes próximos, geralmente avós) e "Plurinuclear" (duas ou mais famílias relacionadas). García (2006) acrescenta que:

> É difícil compreender a existência de algum cigano fora desse ambiente familiar [...]. Na comunidade cigana, os padrões de endogamia familiar são basicamente mantidos, casando-se com parentes próximos, em muitos casos primos de segundo grau e até primos de primeiro grau. Um padrão patrilocal de residência pós-marital continua a predominar. Nesse sentido, San-Román (1997) afirma que seus padrões organizacionais não se devem apenas a uma questão

cultural, mas principalmente à marginalização e ao racismo que vivenciam. "A importância da família nuclear entre os ciganos é apenas relativa. A maior parte das atividades e decisões têm lugar no grupo doméstico e, em outro nível, no patrigrupo em que estão incluídas, e a vida econômica não tem sentido vista apenas no interior de um teto. (p. 123-124).

A família extensa nas áreas urbanas dos países desenvolvidos

Existem diversas linhas de estudo nessa direção. Destacam-se aqueles que mostraram a diversidade familiar como parte da condição multicultural que caracteriza as sociedades industrializadas. Vale destacar a família dos imigrantes, pois em um abrigo moram sob o mesmo teto ou no mesmo bairro, avós, irmãos, irmãs, primos, tios, tias, compadres e até amigos da mesma região de origem . Isso é muito comum em cidades da Europa Ocidental, como Londres, Paris, Berlim, Madrid etc., nos Estados Unidos, como Nova Iorque, Chicago e Los Angeles, onde se observam famílias irlandesas, italianas, judias, porto-riquenhas, mexicanas e chinesas (Boh, 1989; Bernardes, 1986). É importante notar que essa forma de organização familiar não é apenas cultural, mas também contribui para a sua integração na nova nação e proteção contra os abusos racistas que vivenciam diariamente.

A família marginalizada nos países em desenvolvimento

A grande maioria dessas famílias caracteriza-se por ser extensa e viver até quatro gerações sob o mesmo teto. Nesse contexto, destaca-se a união livre entre o casal, que advém de um divórcio anterior ou, no caso da mulher, a sua condição é a de mãe solteira. Vivem em condições de superlotação, o que leva ao incesto, que consideram uma prática sexual habitual e normal. O desemprego faz parte do dia a dia do pai; as crianças abandonam a escola precocemente para trabalhar ou mendigar, gerando o fenômeno denominado "meninos e meninas na rua", diferente de "meninos e meninas de rua". As mães ingressaram no mercado de trabalho em empregos precários. Álcool, drogas e violência familiar são o cenário que define seu cotidiano. Apesar dessas condições extremas de exclusão, as famílias procuram viver perto dos seus familiares, ou no mesmo bairro, gerando uma espécie de comunidade de bairro de cuidado mútuo. Eles se agrupam para enfrentar juntos condições de pobreza e injustiça.

Famílias multiparentais

Outro dos estudos pioneiros é o realizado por Stephens, em 1963, sobre famílias pobres na Jamaica. Baseando-se no trabalho de Edith Clare, Stephens (1963) aponta que a extrema pobreza das comunidades jamaicanas alterou as funções da família. Por exemplo, o casamento praticamente não existe porque é considerado um luxo; o homem fica morando com sua família de origem e a mulher terá uma série de amantes, assim, os filhos que ela conceber perderão o pai biológico e se acostumarão a interagir e conviver com os eventuais homens e irmãos da mãe. Embora muitas práticas familiares sejam consideradas ilegais, elas são culturalmente aceitas, como forma de sobrevivência.

Família monoparental

Existem várias razões para a proliferação da família monoparental. Aqui analisamos as que surgem devido a condições de pobreza ou cultura patriarcal. As mais comuns são quatro: a emigração do pai, o abandono do pai ligado ao machismo, a morte do pai devido à guerra ou ao crime organizado e o elevado índice de gravidez na adolescência. É por isso que são famílias dirigidas por mulheres. Essas famílias geraram uma espécie de rede de apoio de parentesco e vizinhos. A falta do pai biológico gera uma reunificação da família extensa: avós e tias cumprem as funções parentais, enquanto a mãe sai para trabalhar. A CEPAL (1994) relatou um fenômeno nas famílias lideradas por mulheres em condições muito pobres: a "feminização da pobreza", onde a ausência do pai ou da figura paterna se combina com uma política social ineficiente ou inexistente do Estado para proteger a família e infância, o que levou à organização de mulheres que moram no mesmo bairro, uma espécie de apoio mútuo onde os papéis são reorganizados; algumas cuidam dos filhos, outras saem para trabalhar, outras levam as crianças para a escola e os ajudam nos trabalhos de casa, outras fazem a limpeza etc.

Aprendendo com a diversidade familiar que surge da revolução feminina e das famílias marginalizadas para uma psicoterapia de terceira ordem

Atualmente, as famílias e comunidades excluídas devido ao seu gênero ou à pobreza apresentam um tipo de organização que deve ser reconhecida, embora seja o resultado de exclusão e de abusos estruturais. Diante de tamanha adversidade, essas famílias se afastam e se reagrupam, ampliando a rede para além dos limites do parentesco e da residência. Em meio à exclusão cultural e à pobreza estrutural, geram redes de apoio para proteção, fenômeno que vale a pena estudar e aprender, para transferi-lo como recurso para o campo da psicoterapia. É o retorno à tribo, à rede de apoio do cuidado mútuo, à comunidade, é a desmistificação da família nuclear heterossexual que coloca o desconforto no território privado, no individualismo afetivo.

Capítulo 12

Em busca da família de escolha como recurso terapêutico de terceira ordem

Em busca da família de escolha como recurso terapêutico de terceira ordem

Estigmatizar um modelo de família como bom ou ruim em função da composição de seus membros tem sido uma falácia organizada a partir do modelo da família nuclear heterossexual patriarcal. Conforme revisado, novas pesquisas sobre família olham para outro lugar, particularmente, para relacionamentos nutridores (Linares, 1996). Ou seja, pode ser considerada uma família "unida" e garante o bem-estar dos seus membros, não por quem a compõe – nuclear, monoparental, homossexual, reconstituído etc., mas pela qualidade de seus vínculos, intimidade e liberdade de seus membros. Em outras palavras, o "apego seguro" que um menino ou uma menina vivenciam não se limita à mãe de sangue, são reconhecidos outros tutores que acompanharam e cuidaram desses meninos e meninas em momentos fundamentais.

Propomos aqui ampliar o conceito de família para além dos clichês, dos lugares-comuns, dos pensamentos tecidos em torno da família nuclear heterossexual, a fim de encontrar, na vivência dos familiares, experiências de cuidado e acompanhamento que se tornam recursos para estabelecer um diálogo de solidariedade que nutre e dá bem-estar à identidade dos seus membros, e o poder de enfrentar patologias estruturais. A proposta é migrar para "a família da escolha".

Família de escolha como um sistema autopoiético de resistência

A terapia de terceira ordem defende a ideia de que é dentro da família que a estrutura pode ser desafiada. Referimo-nos aqui à família de escolha, um sistema autopoiético capaz de se proteger e de se reorganizar, independentemente e diferenciado da cultura dominante (Maturana & Varela, 1990, Luhmann, 1997), tal como vimos com a diversidade familiar e aquelas que surgem por exclusão e marginalização. Nesse sentido, Ibáñez (2001) menciona que uma forma de recuperar o poder é a partir do micro, "a luta contra o Estado [ou os campos ideológicos estruturais] também consiste em mudar as coisas 'em baixo', nas práticas locais" (p. 88). Essa prática de resistência envolve a aquisição de uma parcela de poder, nesse caso a família de escolha, e pode ser considerada uma prática de resistência, que tem o louvável propósito de lutar e transformar a partir de dentro, para desativar mais cedo ou mais tarde a força de qualquer mandato estrutural. A ideia de resistência da família permite-nos localizar e enquadrar o contexto social de desobediência, a que nos referimos anteriormente.

Em suma, quando a família de sangue ou parentesco maltrata e exclui, um sistema de saúde, proteção e inclusão não funciona, ou há um modo de vida dominante míope que não consegue ver além da sua verdadeira crença, torna-se necessário recorrer a outros recursos, neste caso, a família de escolha. O que foi demonstrado, conforme visto nos capítulos anteriores, é que, enfrentando o desconforto em conjunto, com um componente de indignação, altas doses de amor e uma posição crítica, não só a família e a pessoa recuperam a sua capacidade de trabalhar os seus desafios (Gutiérrez, 2019), e até a biologia é restaurada (Cyrulnik, 2016). É por isso que a família continuará a ser o centro das nossas atenções, não só porque é nela que ocorrem as emoções de maior intensidade e recorrência, mas porque, como grupo de poder, a partir dela pode-se desafiar o sistema, a estrutura, o abuso institucional, a insegurança, a precariedade laboral, as crenças fundamentalistas como o patriarcado, o classismo, o racismo e o hiperconsumismo, que justificam um modo de vida baseado no egoísmo individual, no abuso e na exclusão.

Em busca de recursos para enfrentar a adversidade

Como visto anteriormente, partimos da abordagem de que a identidade e a singularidade não são núcleos isolados de consciência encarcerados nas cabeças ou nos limites da corporeidade individual, mas estão distribuídas interpessoalmente em um diálogo constante com os diversos sistemas aos quais pertencem. A identidade também não surge desenraizada em resposta apenas ao presente ou é determinada pela história da infância, mas também ganha sentido nas circunstâncias históricas que moldam a cultura da qual é expressão, embora se mostre com estilo e originalidade próprios, contribuindo com isso à comunidade à qual pertencem (Vygotsky, 1989; Mead, 1972).

Existe uma ligação ontológica entre a pessoa, a família e os vários contextos socioculturais. O comportamento individual pode ser a expressão da identidade de uma comunidade e da família de uma cultura que se expressa através de padrões individuais (Newman & Holzman, 1993). Desse ponto de vista, as pessoas não são idiotas culturalizados (Garfinkel, 1967) ou pessoas que reagem automaticamente a reforçadores culturais ou triângulos parentais. Consideramos a pessoa um ator, membro de uma família, de uma comunidade e de uma cultura, o que significa não só adaptar-se a eles, mas também participar ativamente na construção dos contextos a que pertence (Garfinkel, 1967).

É por isso que a intervenção clínica se centra no reconhecimento dos recursos dos sistemas. Ou seja, os recursos sociais são buscados na própria história relacional da pessoa, que se vê como ator em uma relação com conteúdo emocional importante.

Portanto, a metodologia clínica está orientada a buscar na própria história familiar e comunitária, recursos socioemocionais que enriquecerão a vida (Ausloos, 2005, White, 2002).

Nessa busca haverá uma ressignificação da cultura, da família e de si mesmo. A família de escolha será o melhor recurso clínico para tais alterações. Ou seja, a inclusão de outras pessoas, com nome e sobrenome, com histórias emocionais significativas, com data e local, provocará a ampliação da visão sobre o que somos e o que não somos. Isso significa que estes contextos socioemocionais não se limitam à família nuclear de parentesco que limita e trunca o diálogo livre, expandem-se para a família de escolha. A teoria da resiliência amplia a busca pela rede de apoio em diversos contextos: escola, amigos, clubes, comunidade etc., para encontrar e reconhecer a figura do "tutor". Para Cyrulnik (2005), tutores são aqueles que retribuem um olhar repleto de reconhecimento, valorização, amor e, sobretudo, aceitação. Em especial, focaremos naqueles tutores que fizeram a diferença, mesmo que tenha sido uma história breve, mas com força emocional suficiente para que a pessoa faça uma distinção significativa entre o abusivo ou ausente e o nutridor. E, diante disso, redefiniu psicologicamente os membros de sua família e, ao mesmo tempo, a cultura patriarcal.

Terapia familiar de terceira ordem a partir de discursos de tensão

Vimos até aqui que o raio dos vínculos e dos apegos se estende para além da família nuclear heterossexual, e ampliam as narrativas sobre a identidade e a posição da pessoa: de parecer vulnerável, de se sentir capaz de enfrentar sua história com seus próprios recursos socioemocionais. Mas qual seria o caminho clínico para encontrar esses recursos e incluí-los na narrativa significativa das pessoas, podendo, assim, enfrentar os problemas com maior êxito?

Para eclipsar um discurso dominante — no caso, o da família heterossexual patriarcal — ou quebrar um círculo socioemocional vicioso recorrente — maus-tratos e esquecimento — é necessário enfrentar o problema a partir de outra posição, tendo como referência outros grupos que fizeram parte da vida nutricional, gerando assim um diálogo entre ambas as perspectivas — tradicional e alternativa —, que será cheio de tensão.

Os discursos de tensão são um diálogo aberto consigo mesmo, entre duas narrativas conflitantes que debatem sobre um dilema particular (Méndez & Reynoso, 2015). A origem e o suporte dessas narrativas são aquelas pessoas com quem se manteve um vínculo importante ao longo da vida. Pode-se dizer que são dois grupos que fomentam diferentes modos de vida, culturas e apresentam diferenças, por exemplo, nas narrativas da família de origem e da família criada. Discursos de tensão geram reflexão interna por meio do diálogo consigo mesmo para chegar à tomada de decisões que permitam sair com sucesso de situações que comprometem as relações e a saúde. Aparecem quando os sentidos básicos de sobrevivência, especialmente as emoções, não reconhecem congruência com os atos tradicionais (Méndez & Reynoso, 2015). Por exemplo, "a quem devo lealdade ao decidir meu papel como mãe? Aos meus pais ou ao meu marido? O que terei de fazer para que tanto os pais como o marido respeitem a minha decisão e estejam bem comigo?".

Os discursos de tensão também são um recurso para explicitar e questionar as narrativas dominantes: tipos de interação e padrões que são tacitamente assumidos como verdadeiros e irrefutáveis por muito tempo, tornando-se verdades inquestionáveis para a vida prática, aniquilando o diálogo entre seus membros, nesse caso a família nuclear heterossexual, a parentalidade, o ser filha ou filho etc. Os discursos de tensão retiram essas verdades do campo explícito para levá-las ao campo socioemocional por meio da reflexão crítica. Os discursos de tensão permitem uma metavisão de si que leva ao diálogo entre o que deveria ser e o que poderia ser, em algumas ocasiões, com o objetivo de negociar e conciliar ambas as perspectivas, ou melhor, negociar com diferentes grupos com os quais existem laços afetivos (Méndez & Reynoso, 2015). Os discursos de tensão permitem-nos escolher com maior inteligência emocional, tomando decisões que podem ter um impacto relevante na vida das pessoas com quem se convive diariamente, sem comprometer a identidade pessoal e a saúde. Os discursos de tensão também são propostos como um recurso clínico crítico que aumenta a circularidade da informação nas pessoas e nas famílias, levando a mudanças qualitativas de segunda ordem para o bem-estar, e recursos para melhor lidar com os ataques estruturais, para uma mudança de terceira ordem. Os discursos de tensão empoderam a pessoa como ator capaz de enfrentar ativamente seus dilemas e mal-estares com aqueles com quem têm que negociar ou pactuar sua própria história e identidade. Por fim, os discursos de tensão evitam a vitimização e a revitimização, colocando a pessoa em um campo de liberdade para decidir quem inclui como família que contribuiu para a sua identidade e bem-estar, e quem não inclui.

Método para reconhecer a família de escolha

Dito isso, o diálogo terapêutico visa expandir a narrativa da pessoa — incluindo e reconhecendo outras pessoas que estão na experiência de criação. Nesse caso, é necessário fazer um trabalho de memória histórica sobre experiências conotadas por relações nutridoras com outras pessoas fora da família de origem. Em particular, promover a memória daquelas relações cheias de cuidado, carinho, brincadeira, acompanhamento, admiração, reconhecimento e valorização. Papel que os pais biológicos deveriam ter desempenhado de acordo com o imaginário cultural patriarcal. Para isso, é necessário realizar uma espécie de pesquisa biográfica, que se vale de experiências que o discurso saturado da família nuclear heterossexual tradicional exclui e provoca um "discurso de tensão".

Quando essas histórias nutridoras são encontradas, é necessário aprofundar-se nelas: lugares, datas, ambientes, pessoas específicas, circunstâncias, emoções vivenciadas etc., para que provoque um discurso tenso sobre parentalidade, fraternidade etc. Ou seja, quando esses contextos forem visualizados, é preciso negociar com aquelas pessoas que não permitem que outras entrem no nosso "mapa relacional familiar" para integrar a nova narrativa sobre a família, gerando bem-estar. A partir do diálogo, a tradicional família nuclear heterossexual pode ser desmontada para expandir o conceito de família em direção a uma família de escolha. Honrar e reconhecer aqueles que cuidaram de nós e nos acompanharam sem pedir nada em troca, incluindo-os no genograma familiar como membros ativos que serviram como pais, mães, avós, irmãs etc., essa reconfiguração familiar tem impactos importantes na biologia e identidade da pessoa, nas suas emoções e relacionamentos.

Em outras palavras, o efeito terapêutico acontece quando novas experiências são transformadas em uma narrativa significativa, momento em que é possível que a pessoa se aproprie dela no eu e em si mesmo, o que impactará seu corpo e sua emocionalidade, incluindo os contextos socioculturais específicos onde vive. Dessa forma, eclipsará o poder dominante que influenciou o mal-estar. O efeito terapêutico poderá ser observado, não só desaparecerá o sintoma ou mal-estar que motivou a solicitação da consulta, mas também haverá uma mudança substancial na família (segunda ordem) e nas crenças culturais (terceira ordem) que sustentaram o mal-estar, nesse caso, da família heterossexual tradicional-patriarcal à família de escolha de vínculos nutridores.

Uma observação clínica fundamental

Boris Cyrulnik (2005) menciona que quando as pessoas se sentem rejeitadas e excluídas na família, têm a capacidade de reorganizar seus vínculos fora dela: "a relação afetiva pode evoluir se o ambiente oferecer a possibilidade de acalmar emoções e de envolver [a pessoa] em um projeto de existência" (p. 47). Deve-se acrescentar que os projetos de existência podem ser positivos ou negativos. Isso fica mais evidente nos casos de adolescentes. Dependendo dos recursos da comunidade, o adolescente poderá encontrar outros que vivem em condições semelhantes de maus-tratos familiares, e ocorrerá um tipo de identificação entre eles, eles reconhecerão no outro o seu mal-estar, gerando um sistema socioemocional fechado significativo, a partir do qual confrontará sua família com sintomas. Eles se reúnem para se reconhecerem e compartilharem rituais que podem colocar sua saúde e suas vidas em risco — abuso de drogas, abuso de álcool, comportamento antissocial etc. Ou podem acabar encontrando adultos *predadores*, que procuram jovens em condições vulneráveis oferecendo ajuda, em um processo de sedução que resulta em abuso. Esse tema foi discutido em outro trabalho (Medina, Vargas, Castro e Domínguez 2021).

Aqui buscaremos os recursos da comunidade que foram acionados em favor da pessoa diante do seu mal-estar familiar, reconhecendo aquelas pessoas que genuinamente cuidaram, respeitaram e acompanharam a pessoa em um momento importante de sua vida.

Em seguida, mostraremos como é a intervenção terapêutica com dois casos, incorporando na prática as abordagens terapêuticas elencadas anteriormente, tentando corroborar algumas das descrições relativas à família nuclear tradicional que dificultaram a transição para a maturidade pessoal e caminhos mais saudáveis e inclusivos.

Caso: "O homem mais gentil do mundo"[1]

Dona Sara entra em contato com a clínica por orientação da escola dos filhos, pois Juanito, seu filho de 9 anos, vem apresentando comportamento incomum no último mês. Sara lembra que a professora entrou em contato com ela e o marido porque Juanito é impaciente e agressivo com os colegas. Perguntaram a Sara quem mora na mesma residência. Sara responde que seu marido Ernesto, 47 anos, ela, 45 anos, o filho Juanito, de 9 anos, a filha Maria, de 7 anos e o filho Pedro, de 5 anos. Todos são convidados a comparecer à primeira sessão para apoiar Juanito.

Genograma familiar: Ernesto e Juanito.

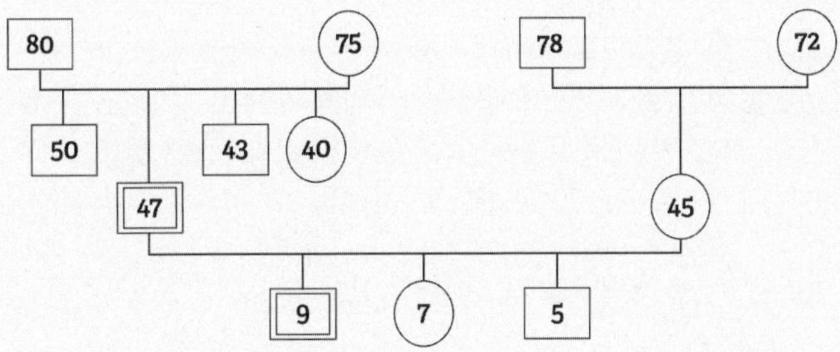

Todos chegam na primeira sessão, eu e minha coterapeuta nos apresentamos, é feito um quadro sobre o contexto terapêutico, em que são convidados a participar com honestidade e respeito, para criar um lugar seguro para todos. A composição da família foi pesquisada por três gerações, onde todos participaram abertamente, exceto o pai, Ernesto.

Foi questionado o motivo da consulta. Sara explica que a professora disse que Juanito brigou muito com os colegas no último mês e que seu desempenho escolar diminuiu.

Juanito responde rapidamente, 'justificando seu comportamento, apontando que seus colegas o deixam desesperado e o insultam e por isso ele se defende e se distrai.

O problema foi abordado na perspectiva de Juanito, em todos os momentos seus sentimentos e percepções foram validados sem questionamentos. Algumas

[1] A família assinou o consentimento para que seu caso fosse publicado, desde que fossem alterados nomes e outros dados para salvaguardar sua identidade.

perguntas circulares foram feitas para provocar uma reflexão autocrítica em Juanito e, em poucos minutos, ele reconhece que há muito se tornou mais intolerante e não consegue se concentrar como antes.

Perguntamos a todos se têm ideia de por que Juanito não se concentrar como antes e ter ficado mais intolerante?

Sara, a mãe, responde que Ernesto repreende muito Juanito.

Ernesto responde imediatamente, "é porque Juanito ataca Maria, sua irmã, e ele deve cuidar dela e respeitá-la".

Sara menciona que Ernesto é muito agressivo com Juanito e ameaça suicidar-se caso ela o abandone.

Nesse momento, minha coterapeuta e eu, sem concordar imediatamente, pedimos para falar e pedimos a Juanito, sua irmã e seu irmão, que saíssem do consultório para podermos conversar a sós com os pais.

A sós com o casal, Dona Sara nos faz ver que ela não aguenta mais, que o comportamento do marido é intolerável.

Ernesto (em tom ameaçador) diz: "Ela sabe que se me deixar..., porque ultimamente ela tem me ameaçado que não quer mais morar comigo; se me deixar..., que espere até o Natal para fazer para eles o bolo que sempre faço para a família e depois me enforco. Não consigo viver sem a Sara, ela é o amor da minha vida e sem ela a minha existência simplesmente não tem sentido".

Sara (em tom agressivo) expressa: "Veja, doutor, ele conta essa história na frente das crianças, elas ficam angustiadas e, acima de tudo, Juanito responde agressivamente contra a irmã e na escola. Não quero mais ficar com ele, quero que ele saia de casa. Eu não me importo com o que você faz da sua vida, apenas não envolva as crianças!".

Nesse momento, Ernesto fica vermelho. Viro a cadeira na direção de Ernesto, toco seu ombro e comento em tom amigável, olhando-o nos olhos e com voz suave, "Ernesto, quero entender seus sentimentos, quero saber de você". Ele responde, chorando, que sua mãe nunca o amou, ela sempre o rejeitou e amava mais seus irmãos e irmãs do que ele.

Ernesto reitera, "minha mãe nunca me amou e sempre fui excluído dos planos de trabalho do meu pai, meus irmãos sempre tiveram preferência, nunca correspondi às expectativas do meu pai. Sara é a única pessoa que me amou como sou, não sei o que seria de mim sem ela, como falei, minha existência não teria sentido.

Nesse momento, Sara senta-se ao lado dele, em um ato de compaixão, o toca, e diz: "Eu te amo muito mas não posso tolerar o teu comportamento e ameaças (ela diz isso em voz baixa), estou muito cansada, e a verdade é que não quero ficar com você agora".

Sara dirige-se a nós e faz sinal para que ajudemos o marido a terminar com as ameaças de suicídio e a enfrentar a separação; ela virá ajudar Juanito, mas não Ernesto.

Ernesto chora e diz que não sabe o que fazer. Fazemos com que ele veja que terá em nós o apoio para enfrentar seus problemas, que pode contar conosco.

Convidamos as crianças para entrar e foi feito um plano para o atendimento de Juanito, sua irmã e irmão, e também Ernesto, o pai. Ao final foram marcadas as sessões seguintes.

Minha coterapeuta atendeu a demanda da escola, o problema do Juanito. As sessões foram organizadas com toda a família, com Sara e Ernesto como pais, e depois apenas com Juanito e seus irmãos.

Eu atendi Ernesto na terapia individual.

Na sessão seguinte com Ernesto, face à separação iminente, traçamos um plano para que ele organizasse o local onde ficaria e como continuaria sua responsabilidade parental. Acrescente-se que Sara e Ernesto partilhavam um negócio de vestuário, pelo que também foi trabalhada a saída de Ernesto do negócio, para não interferir na relação com Sara. Com isso, a situação de perda de Ernesto tornou-se um grande problema.

Ernesto é um homem de 47 anos, diagnosticado com psicose desde os 20 anos. Desde então toma medicação e as doses aumentam ou diminuem de acordo com seu estado emocional. Os primeiros sintomas de Ernesto ocorreram após a adolescência; ele foi repetidamente internado em hospitais psiquiátricos durante semanas. Apesar do diagnóstico, ele conseguiu estudar e estabelecer um relacionamento com Sara. Eles se conheceram na universidade; desde os 21 anos começaram a namorar e, um ano depois, se casaram, formaram família e têm um modesto negócio familiar onde ambos trabalham e com isso progrediram, mesmo Ernesto não tendo terminado a universidade porque precisava trabalhar.

Entrei em contato com o psiquiatra dele para que me contasse sobre o diagnóstico e sua evolução. O diagnóstico foi conclusivo: esquizofrenia. Ernesto estava em crise no momento, então estava supermedicado, quando falava arrastava a língua e demorava a responder.

Ernesto menciona que sua irmã é a única que ocasionalmente conversa com ele para saber como ele está. A irmã é solteira e mora em uma casa, então pedimos a Ernesto que buscasse apoio da irmã para que ele pudesse morar com ela enquanto resolve seu problema. A irmã aceitou.

Ernesto fez questão de voltar com Sara e seus filhos, então estabelecemos como objetivo terapêutico reconquistar Sara, sem prometer ou garantir que isso aconteceria, mas que poderíamos estabelecer isso como meta. Ernesto foi avisado que, para que Sara o aceitasse de volta em casa, ele teria que fazer uma reflexão honesta sobre si mesmo e fazer mudanças provavelmente radicais durante o processo psicoterapêutico. Ele concordou e, sem hesitar, sentimos o grande amor que ele tinha por Sara.

Nas duas primeiras sessões, foi trabalhado o tema da família de origem. A família de origem de Ernesto é uma família abastada, com ascendência na cidade, de classe alta e conservadora. Ele tem dois irmãos que são bem-sucedidos nos negócios, assim como seu pai, e seu avô paterno também. Ernesto menciona que seus irmãos sempre demonstraram intolerância com ele desde crianças. E seu pai sempre o comparou a eles. Ele também tem uma irmã com quem sempre se deu bem. Em relação aos avós, notou que eles estavam muito presentes, todos os finais de semana comiam com eles. Ele reitera a narrativa de que não se sentia amado pela mãe e pelo pai. Isso confirma a hipótese sistêmica de seu sintoma: uma desconfirmação recorrente por parte do pai e da mãe, enquadrada a partir de uma comunicação emocional ambígua por parte da mãe. A forma como Ernesto relacionou a sua relação com a sua família de origem foi incômoda, com elevado sentimento de desilusão com seus membros e consigo mesmo. O tema foi abordado apenas nas duas primeiras sessões, e não consideramos que existiam recursos socioemocionais para trabalhá-lo em terapia, por isso demos um salto de cento e oitenta graus, para explorar outros cenários socioemocionais.

Nas sessões seguintes, Ernesto foi levado a perceber que uma questão fundamental para alcançar o objetivo desejado — voltar para Sara — era que ele deveria ser produtivo no trabalho, no sentido de conseguir obter recursos suficientes para sustentar a sua família. "Algo que eu nunca havia conseguido". Mas sua motivação para voltar para Sara foi mais forte do que qualquer obstáculo. A questão laboral foi trabalhada; Ernesto destacou que já tinha em mente há muito tempo abrir um novo negócio, mas nunca comentou ou tentou implementá-lo. Queria uma pequena fábrica de roupas de dormir e pantufas. Ele sempre adiou seus planos e nunca os compartilhou porque percebia e sentia que sua família de origem não o via como capaz, e também se recusava a pedir dinheiro.

Perguntamos a ele se tinha parentes e amigos próximos. Ele imediatamente mudou de semblante e contou uma história fantástica sobre sua adolescência. Ernesto menciona que foi a melhor fase de sua vida, seus melhores amigos eram do ensino fundamental e médio e todos moravam muito perto de sua casa, que era enorme e tinha uma piscina e grandes jardins. Era o lugar onde eles se encontravam todas as tardes. A história sobre as recorrentes andanças da adolescência e a grande cumplicidade dos amigos mostrava um forte vínculo que o fazia sentir-se uma pessoa amada e reconhecida. Perguntamos a ele se continuava a ver esses amigos. Ernesto ressalta que há muitos anos não se encontrava com eles, mas que eles se encontram todas as semanas para jantar. Ele explica que desde o nascimento do terceiro filho não tem tempo, dinheiro ou energia para sair. Ernesto destaca que todos os seus amigos gostam e que eles têm tido muito sucesso na vida. Recomendamos que ele os procurasse para participar novamente dos jantares. Ele o fez e foi bem recebido, todos ficaram felizes em vê-lo novamente. Depois de três semanas, contou-lhes sobre o seu negócio e, sem perguntar, os seus amigos imediatamente, com generosidade altruísta, disseram-lhe que se ele precisasse de apoio, ficariam felizes em ajudá-lo, sem qualquer compromisso. Fez o plano de negócios com todos os requisitos, um amigo emprestou um armazém para montar a sua fábrica, outro arranjou costureiras para fazer os pijamas e chinelos que ele próprio desenhou, quase todo o apoio foi em espécie. Ele se sentiu muito amado e ficou grato a eles. Demorou seis meses para montar sua fábrica e vender seu primeiro grande pedido. Teve sucesso, parecia uma pessoa diferente, mencionou que nunca se sentiu tão fortalecido e sempre reconheceu o bom coração dos amigos, a quem ele considerava como irmãos. Ernesto não só se sentia melhor, como tinha uma boa aparência, era outro Ernesto, que buscava Juanito, sua filha e seu filho na escola para levá-los para a casa onde moravam com a mãe.

Ernesto relata que Sara mudou seu comportamento em relação a ele, ela o trata de forma diferente, passou a aceitá-lo como antes, pois, depois de levar os filhos de volta da escola, Sara o convida para entrar e oferece para comerem juntos, ultimamente até para ficar para jantar.

Depois de sete meses, Sara entrou em contato conosco para conversar, marcou uma consulta e mencionou que Ernesto era uma pessoa diferente. Estava pensando em pedir para ele voltar, mas tinha algumas dúvidas.

Trabalhamos com Sara e ela refletiu honestamente sobre si mesma. Ela conseguiu reconhecer que, embora amasse muito Ernesto, nunca acreditou que ele pudesse abrir um negócio e muito menos ser independente financeiramente, devido ao seu estado psiquiátrico. Ele admitiu que provavelmente fez parte de seu fracasso na vida, repetindo o padrão de ambiguidade relacional que Ernesto vivenciava com sua família de origem. Sara menciona que sempre soube que Ernesto era uma pessoa hipersensível, com problemas emocionais e péssimo relacionamento com os pais, mas nos fez ver que ele era "o homem mais gentil do mundo", e só quando tinha crises é que perdia toda a sua sanidade. Diante dessa reflexão, Sara sabia que se voltasse para Ernesto teria que mudar o tratamento que dispensa a ele, a quem hoje considera um homem empreendedor e bom.

Nove meses depois, eles voltaram a ficar juntos. Ernesto nunca perdeu o contato com os filhos, esteve sempre próximo deles e exerceu plenamente a sua responsabilidade parental. E reconquistou Sara, objetivo que havia traçado na psicoterapia com Ernesto.

Tivemos uma sessão com todos, na qual pareciam felizes, principalmente Ernesto, que foi reconhecido pelo grande trabalho feito consigo mesmo para recuperar sua esposa. E Juanito que já não tinha o sintoma.

Vale ressaltar que foram sua irmã e sua rede de amigos que o apoiaram para progredir; não se tratava apenas de recursos, dinheiro e contatos, mas de fazer Ernesto se sentir capaz de empreender e ser reconhecido como uma pessoa digna, e como um grande amigo. Seus amigos o acompanharam de perto, ensinaram-no, aconselharam-no, encorajaram-no e, assim, capacitaram-no. Não só o sintoma desapareceu, como as doses dos medicamentos foram reduzidas. Ernesto surge em cena como outra pessoa, a partir da solidariedade e do apoio de sua rede de amigos, que considera como irmãos. Juntamente com Sara, sua irmã, Juanito, Maria, Pedro e seus amigos, Ernesto constituía sua "família de escolha". Uma rede vital que ele integrou ao genograma de sua família.

Família de escolha

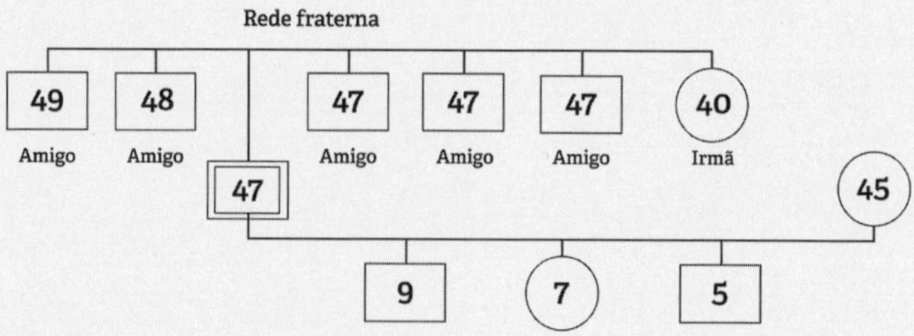

Resultados

Dito isso, o diálogo terapêutico visa expandir a experiência vivida da pessoa para além da narrativa tradicional, para incluir e reconhecer outras pessoas que estão na experiência nutridora. Com Ernesto, especialmente, foi estimulada a lembrança daquelas relações cheias de cuidado, acolhimento, carinho, acompanhamento, admiração, reconhecimento, valorização e brincadeira. Para isso, foi realizada uma espécie de pesquisa biográfica, relembrando experiências que o discurso saturado da família nuclear tradicional exclui e que provocam um "discurso de tensão" (Méndez & Reynoso, 2015), para passar da família heterossexual tradicional para a família de escolha. Ernesto encontrou nos amigos uma rede fraterna. Outros atores do bem-estar, tutores e pares de resiliência começaram a ser integrados ao genograma. Ernesto ativou essa significativa rede fraterna histórica para torná-la um grande recurso socioemocional e material no presente, a partir do qual se trabalhou com resultados pragmáticos. Isso levou a uma redefinição do si mesmo, da identidade, da pessoa e da família. Ernesto parecia, sentia e agia diferente.

Caso Julián: desafiando a família heterossexual patriarcal[2]

Julián é um jovem de 19 anos que estuda negócios internacionais na universidade. Ele solicita terapia porque começa com sintomas de anorexia e depressão com ideação suicida. Julián mora com seus pais biológicos, Julián, 60, e Guadalupe, 59, e uma irmã de 16 anos. É uma família de classe social alta e conservadora. O pai é um empresário de sucesso bastante conhecido na comunidade, enquanto a mãe é dona de casa, embora tenha pessoas que trabalhem na limpeza, na cozinha e motorista para locomoção na cidade. Guadalupe é uma mulher católica e frequenta a igreja todos os dias. Apenas Julián comparece à primeira sessão e explica detalhadamente seus sintomas. Na exploração do problema, é questionado há quanto tempo tudo começou. Embora não seja crônico, ele menciona que é desde os quatorze anos. A partir dessa idade ele se inclinou para a homossexualidade, seus pais perceberam isso e surgiu uma grande crise familiar. Então, eles o enviaram para uma clínica de conversão em Miami por vários meses. Julián menciona que concordou em ir à clínica para agradar aos pais e também se sentiu muito confuso. Pois bem, não funcionou,

[2] Os casos são tratados por alunos do mestrado em terapia familiar, através da metodologia de coterapia e supervisão direta. O cliente assinou o consentimento para que o caso fosse publicado, protegendo sua identidade e a de sua família. Nomes, idades e outras informações foram alteradas para que não fosse possível sua identificação. Parte do conteúdo deste caso foi publicado em Medina, R. (2022). Introducción a la Terapia de Tercer Orden: exorcizar la psicopatología desde la conciencia inter-sistémica. *Mosaico 82*, 8-30.

e o que ele fez como estratégia foi esconder isso dos olhos dos pais, fingindo ser outra pessoa diante deles, para não causar decepção e dor. Desde então ele se sente culpado. A homossexualidade tem sido um assunto tabu em casa. Julián fez uma reflexão crítica na primeira sessão e conseguiu reconhecer que seus sintomas estavam ligados à rejeição de seus pais e ao fingimento de ser outra pessoa. Por isso, foi sugerido que convidássemos os pais para a sessão seguinte. Julián mencionou que eles não aceitariam. Dissemos que fizesse todo o possível para que os pais de Julián comparecessem à sessão.

Na segunda sessão, os três comparecem na terapia. Agradecemos aos pais por atenderem o pedido do filho, que sofre a sintomatologia. O tema da homossexualidade é aberto e a discussão começa. Pais rejeitam totalmente o filho ser gay, não toleram isso, e se perguntam: "O que fizemos de errado para que esteja nessa situação antinatural — menciona o pai —, e nesse nível moral — acrescenta a mãe". Eles são convidados a trabalhar a questão juntos e separadamente na terapia para que possam restabelecer o relacionamento e o diálogo aberto com o filho. Ambos mencionam, contundentemente, que não aceitam, que eles não são o problema, o problema é Julián, com ele os terapeutas devem trabalhar, já que não voltariam para outra sessão, e saem de forma abrupta. Julián, diante desse cenário de rejeição total, chorou incontrolavelmente.

Até este ponto, os sintomas de Julián são organizados a partir de deficiências parentais e maternas que desconfirmam suas necessidades e a identidade. Esse padrão se organiza a partir da patologia patriarcal que acredita que os gêneros são de ordem natural, tomados como verdades inquestionáveis, uma mitologia que aniquila o diálogo familiar e dá sentido ao padrão de abuso e exclusão.

Depois que ele se acalmou, invoquei uma resistência ativa (Medina, 2018a) porque vimos em Julián uma pessoa com muitos recursos, com uma boa rede de apoio social e altamente responsável e inteligente. A partir da resistência ativa, Julián foi provocado e perguntamos, como adulto, o que faria diante da rejeição esmagadora de seus pais? Ele, sem pensar, mencionou rapidamente: trabalharia na minha independência financeira. Diante da estratégia delineada pelo próprio Julián, o processo terapêutico centrou-se em fortalecê-lo emocionalmente, apesar da rejeição dos pais, para que, ao chegar o dia de sair de casa, o fizesse, não fugindo, mas com boa saúde. Então a estratégia foi buscar a rede de pessoas que o aceitem como ele é, sem preconceitos ou querendo mudá-lo. Julián mencionou sua irmã, que é mais nova que ele, suas tias — irmãs de sua mãe — e seus avós — pais de seu pai. Ele foi convidado a ampliar o leque de vínculos, e perguntamos quem mais, além da família, tem sido muito próximo dele, quem cuida dele, o acompanha e o respeita, e vieram à tona três amigos e uma amiga. Um professor universitário que o incentiva e o reconhece como um empresário inteligente, assim como seu pai.

A partir de cenários seguros trabalhamos para eclipsar a narrativa dos pais e fortalecer a sua identidade e deixar a sintomatologia para trás. Julián redefiniu sua família a partir de sua família de escolha, reconheceu ascendências e fraternidades que o motivavam sem preconceitos. A partir desse cenário de vínculo, trabalhamos criticamente para fazê-lo reconhecer que seus pais, sem justificar o abuso e a exclusão, também estavam presos a crenças culturais que interferiam no diálogo de apoio e, portanto, desconfirmavam suas necessidades.

A partir dessa consciência sistêmica, Julián se aproximou do pai no cenário empresarial para abrir sua própria empresa; o pai, nesse contexto, o aceitou e orientou com sucesso. Isso produziu um vínculo importante entre Julián e seu pai, restabelecendo o diálogo, tacitamente, sem falar da questão da homossexualidade; Julián sentiu que o pai o aceitava como ele era. O objetivo final que Julián buscava era tornar-se uma pessoa financeira e emocionalmente independente de sua família de origem. Objetivo que alcançou três anos depois.

Apegar-se à família de origem ou família nuclear como única fonte de bem-estar identitário implica empoderar e empobrecer o vínculo e o diálogo a um grupo fechado. Se a família sanguínea é abusiva, exclusiva ou simplesmente ausente, os recursos socioemocionais para avançar não são suficientes. É por isso que a família de escolha, como categoria de terceira ordem, desafia a cultura patriarcal, em particular a família nuclear heterossexual, para ampliar vínculos e abrir o diálogo solidário à rede de apoio.

Resultados

Julián restaurou seu bem-estar psicológico ao incluir em sua narrativa outras pessoas da família e de sua rede íntima que foram nomeadas por ele como mães, pais, irmãs e irmãos. Os recursos psicossociais foram encontrados na própria história de vida e integrados ao genograma familiar.

Ou seja, o efeito terapêutico ocorreu quando novas experiências foram transformadas em uma narrativa emocionalmente significativa, ampliando o genograma familiar com aqueles que cumpriram um papel familiar em diferentes fases da vida. Naquele momento, Julián permitiu a si mesmo se apropriar em primeira pessoa daquela nova família, integrá-la na sua biografia e em si mesmo, o que teve impacto no seu corpo e na sua identidade, e assim, confrontar o seu pai com maior poder e sabedoria e restabelecer o diálogo. A ressignificação da família heterossexual tradicional para família de escolha tem seu efeito pragmático na inclusão socioemocional de outros atores, ocasionando uma mudança de segunda e terceira ordem ao mesmo tempo. Em resumo, Julián conseguiu amadurecer e se diferenciar de sua família de origem, alcançando independência emocional e econômica para deixar o sintoma para trás. Aliás, o pai estava orgulhoso de Julián.

Concluiremos com diversas reflexões a partir do modelo de família de escolha para integrar o corpo completo desta publicação.

Expandir os laços familiares para abrir o diálogo solidário

Antes de iniciar as reflexões, em forma de conclusão, a respeito da família de escolha, faço um breve resumo da proposta ontológica e das categorias conceituais que foram traçadas neste texto a respeito do que consideramos uma psicoterapia relacional com pensamento de terceira ordem.

Como citado anteriormente, Bateson (1991) menciona que "em um mundo em que a identidade pessoal se funde com todos os processos relacionais em uma vasta ecologia ou estética de interação cósmica [...] Cada detalhe do universo é visto como uma proposta de visão do todo" (p. 336). Dito de outra forma, cada elemento que é examinado — atividade cerebral, genética, identidade, família — é uma entidade ecológica ativa, nunca desvinculada de sua natureza relacional, onde aparecem injustiças e patologias estruturais. Isso significa que os fatores estruturais socioculturais não são externos à identidade e à família. Estão enraizados em seus padrões relacionais — provavelmente há gerações —, e por isso têm enorme poder na construção de microrrealidades, identidades e psicopatologias. São narrativas tácitas da verdade praticadas diariamente. Têm poder regulador, não são negociadas e são tidas como garantidas. A psicoterapia relacional de terceira ordem tem como primeiro objetivo clínico conscientizar os sistemas de sistemas, em particular desmistificar o individualismo e o biologismo desconectado para ampliar a visão e reconhecer que todos estão presos às circunstâncias estruturais e às injustiças sociais.

O sacrifício e a perda de liberdade e autonomia pessoal decorrentes da lealdade cega à família de origem provavelmente têm a sua gênese nos preconceitos quanto a *status* ou nos preconceitos da família tradicional. As necessidades válidas de algumas mulheres de se casarem e terem filhos para se considerarem uma mulher completa fazem sentido a partir da cultura do patriarcado. Uma mãe com culpa por não ter tempo para acompanhar seus filhos e filhas provavelmente é influenciada pela saturação que vivencia devido a uma jornada dupla, sem tempo suficiente, somada a um pai ausente ou periférico; está organizada a partir da mitologia da família tradicional e da insegurança no trabalho. Um jovem triste e decepcionado consigo mesmo por não ter conseguido sucesso na vida, como seu pai mostra sentimentos organizados a partir da meritocracia e do classismo. Um homem que mata a ex-mulher argumentando que não poderia compartilhá-la com ninguém e que jurou diante de Deus que ficariam juntos até que a morte os separe, essa é uma narrativa enraizada no patriarcado e no romantismo. Um casamento que vive sem amor e bem-estar conjugal, resigna-se pela vida com uma aparente tranquilidade dos seus filhos e da sua família de origem, isso faz sentido a partir da família nuclear heterossexual.

Vemos assim que os padrões familiares emocionais e de poder estão revestidos de condições morais ou precárias, que se organizam a partir de um simbolismo estrutural de injustiça que deve ser explicitado e enfrentado com dignidade amorosa e inteligência terapêutica. A psicoterapia concentra-se em provocar indignação amorosa diante de queixas estruturais; essa consciência e sentimento coletivo abre mais uma vez a possibilidade de diálogo, conduz a uma mudança de segunda ordem na família, no sentido de que perturba relações de poder, hierarquias e regras, para erradicar os maus-tratos. Isso também produzirá na pessoa uma reflexão autocrítica honesta, para sair do pacto do qual participou, para não ser mais cúmplice do abuso e começar a se reinventar e, assim, reparar o dano causado. Todos se identificam, ajudam, cooperam, acompanham e ouvem as necessidades uns dos outros. A indignação familiar restaura o diálogo de apoio na família e na rede social para o cuidado mútuo diante das injustiça estruturais, levando à recuperação da saúde.

Encerrarei com uma reflexão em voz alta, adotando a proposta de Speck e Attneave (2000). Invoquemos a Rede Social para enfrentar o mal-estar pessoal, ou seja, falamos daquela estrutura de amplitude e grau de intimidade comparada às das famílias e dos clãs, mas que não se baseia apenas no parentesco. Uma família de escolha seria, nas palavras destes autores, uma rede de pessoas composta por membros da família ampla multigeracional, amigos, pares e vizinhos.

A família de escolha pratica um diálogo constante e aberto, de onde se encontrará os recursos para enfrentar os problemas. Como mencionam Speck e Attneave (2000), a partir da rede familiar é possível "reviver relações pessoais que haviam perdido a força, laços simbióticos são afrouxados ou cortados, velhos fantasmas familiares são exorcizados e as portas são abertas para pessoas mais francas e cooperativas". (p. 21).

A família de escolha é um campo de proteção contra desafios estruturais. Como vimos anteriormente com a diversidade de famílias marginalizadas e excluídas, todas partilham a essência de olhar e cuidar umas das outras em comunidade, algumas até mesmo fechando-se ao exterior para se protegerem dos maus-tratos estruturais. Nesse sentido, a família de escolha pode ser comparada a uma tribo, no sentido de que "se um dos seus membros passar por uma situação difícil, a rede constituída poderá encontrar em si os recursos 'tribais' para desenvolver soluções criativas" (p. 20).

A família de escolha substitui aquelas famílias consanguíneas ou de parentesco que maltratam ou abandonam seus filhos ou companheiros, substituindo-as por uma família que, sem preconceitos, permite que cada membro expresse suas necessidades em um lugar seguro, para que outros que os ouvem exibam suas talentos, a fim de proporcionar aos outros o apoio, a gratificação, o reconhecimento e o cuidado de que necessitam. A família de escolha leva a uma nova singularidade, ou seja, a livrar-se do que havia antes — a história de abuso, exclusão ou esquecimento de uma estrutura rígida e autoritária — para encontrar uma organização relacional diferente que impacte a identidade e o bem-estar. Alcançar uma nova autonomia, que "se refira mais a novos territórios, a novos ritornelos sociais" (Guattari & Rolnik, 2006. p. 142).

A família de escolha tem um efeito de rede de apoio, o que modifica a psicopatologia social comum, evita a psiquiatrização e elimina o estigma. Trata-se de escolher sua rede de apoio. A família de escolha não é um grupo artificial, mas um grupo que deliberadamente se encontra, se identifica e se reconhece, é um grupo de pertencimento que desafia os estereótipos culturais da família heterossexual patriarcal.

A família de escolha capacita a pessoa a enfrentar o mal-estar. Sozinho, ninguém conseguirá superar os medos e sentimentos que não lhe permitem viver em liberdade e bem-estar. Somente acompanhados poderão honrar suas necessidades pessoais (Laso & Canevaro, 2022). A esse respeito, Spears (1997) aponta que "é politicamente importante preservar a distinção conceitual de agência (a intencionalidade do sujeito), embora seja igualmente importante reconhecer os elementos externos ou contextuais que ajudam essa agência a aparecer e a se desenvolver" (p. 19). Em outras palavras, ao unirem-se, aumentam os seus recursos com uma participação mais ativa, diluindo a vitimização e a passividade face aos desafios de sobrevivência que enfrentam diariamente. Do acompanhamento da rede emerge a resiliência pessoal. A identidade dos seus membros é enriquecida para além da família tradicional, para potencializar a ação em cooperação e solidariedade (Freire, 1971; Martín-Baró, 1995, 1998; Gil, 2015). Aí começa a mudança terapêutica para todos, os clientes poderão vivenciar uma nova fonte de poder, recursos e emoções para enfrentar o seu mal-estar, mas sempre consciente que estará junto com os outros, em colaboração e solidariedade. É disso que é feito o empoderamento, o acompanhamento e a colaboração individual, o que terá efeitos práticos para seu bem-estar pessoal.

Além disso, para que as pessoas internalizem uma nova narrativa ou explorem uma forma diferente de ser, é também necessário invocar uma nova experiência ou refletir criticamente o reagrupamento da família, essa rede de escolha, para dar força social à narrativa excepcional. Caso contrário, as novas narrativas não terão o apoio ou o apoio colaborativo necessário para que a pessoa se aproprie delas psicologicamente, na primeira pessoa. A mudança das pessoas implica uma mudança social por excelência. E mesmo a nova biologia revela que a evolução das espécies, para sobreviver aos embates com o ambiente, é governada, não pela competição, mas pela cooperação entre organismos: "A vida é uma união simbiótica e cooperativa que permite aos animais triunfarem nessa associação" (Margulis, 1998).

Diante disso, a família de escolha constitui um campo social protetor do indivíduo, por isso se torna um recurso psicoterapêutico. Nesse sentido, Sluzki (1998) menciona que essa rede de apoio é protetora da saúde emocional e física das pessoas; torna-se um grande recurso para desmantelar os padrões patriarcais de uma família, o apoio material face a uma crise econômica ou ao desemprego, e invoca a resiliência que encoraja e apoia a pessoa a enfrentar as vicissitudes da vida.

Outra base clínica fundamental é considerar que uma psicoterapia que não trabalha em conjunto com os clientes para identificar cenários seguros — ou trabalhar neles — que nutrem uma identidade saudável, e apresente decisões individuais no processo psicoterapêutico não só falhará no médio prazo, como também pode colocar em risco a saúde desses clientes. É por isso que a terapia familiar crítica de terceira ordem se concentra em restaurar o desconforto individual a partir dos cenários de cuidado, respeito e acompanhamento.

Concluindo, uma psicoterapia relacional crítica de terceira ordem, que parte do princípio ecológico, reconhece na própria ecologia da pessoa os recursos a partir dos quais o bem-estar será restaurado. Ou seja, é necessário convocar aqueles atores da sua ecologia que os aceitam, cuidam, respeitam e acompanham, para se capacitarem diante de cenários de maus-tratos ou mesmo diante de sua própria história. Essa ecologia concilia a biologia e a psicologia do desconforto (Cyrulnik, 2016). A ecologia do cuidado, aqui a ressignificamos como a família de escolha (Medina, 2022). A família de escolha é o grupo que se indigna amorosamente, resiste e dialoga de forma solidária e crítica para enfrentar a injustiça que se manifesta perante o maltrato estrutural. Em outras palavras, *é preciso sentir e dialogar com a ecologia para recuperar o bem-estar.*

Referências

Acevedo D., & Lochner K.A. (2003). Residential segregation and health. In I. Kawachi L.F. Berkman LF. *Neighborhoods and health* (pp. 265-287). New York. Oxford University Press.

Ackerman, N. W. (1982). *Diagnóstico y tratamiento de las relaciones familiares.* Buenos Aires: Ediciones Horme.

Ahmed, S. (2012). *La política cultural de las emociones.* México: Libros UNAM.

Álvarez, J. M. (20 de noviembre de 2019). Entrevista a José Maria Álvarez: Se han inventado trastornos mentales. *Cuerpo y Mente.* Recuperado de https://www.cuerpomente.com/entrevistas/entrevista-jose-maria-alvarez-trastornos-mentales-inventados_4245

Álvarez, L. S. (2012). Los estilos de vida en salud: del individuo al contexto. *Rev. Fac. Nac. Salud Pública*, 30(1), 95-101.

American Psychiatric Association - APA. (2014). *Manual diagnóstico y estadístico de los trastornos mentales* DSM-*5* (5ª. ed.). Madrid: Editorial Médica Panamericana.

Andersen, T. (1994). *El equipo reflexivo.* Barcelona: Gedisa.

Andersen, T. (2001). Ver y oír, ser visto y ser oído. In S. Friedman. *El nuevo lenguaje del cambio. La colaboración constructiva en psicoterapia.* (pp. 201-224). Barcelona: Gedisa.

Anderson, H. (1999). *Conversación, lenguaje y posibilidades.* Buenos Aires: Amorrortu.

Anderson, H. & Goolishian, H. (1988). Human systems as linguistic systems: evolving ideas about the implications for theory and practice. *Family Process,* 27, 37-93.

Anderson, H., & Goolishian, H. (1990). Beyond cybernetics: comments on Atkinson and Heath's further thoughts on second-order family therapy. *Family Process,* 29, 157-63.

Anderson, H., & Goolishian, H. (1996). El cliente es el experto: la ignorancia como enfoque terapéutico. In S. McNamee & K. Gergen. *La terapia como construcción social* (pp. 45-59). Barcelona: Paidós.

André, C. (2014)., *Y no te olvides de ser feliz: abecedario de psicología positiva.* Barcelona: Kairós.

Aponte, H. J. (1987). The treatment of society's poor: an ecological perspective on the underorganized family. *Family Therapy Today*, 2, 1-7.

Artz, S. (1994). *Feeling as a way of knowing: a practical guide for working with emotional experience.* Canada: Trifolium Books Inc.

Ausloos, G. (2005). *Las capacidades de la familia: tiempo, caos y proceso.* Barcelona: Herder.

Bajtín, M. (1979a). *Estética de la creación verbal.* Traducción Tatiana Bubnova, México: Siglo XXI.

Bajtín, M. (1979b). *Problemas de la poética de Dostoievski.* Cuarta Edición. Moscú: Sovetskaia Rossia.

Bakunin, M. (1900). *Dios y el Estado.* Argentina: Utopía Libertaria. Recuperado de https://aprendizaje.mec.edu.py/aprendizaje/system/content/0c59c97/content/Bakunin,%20Mijail%20(1814-1876)/Bakunin,%20Mijail%20-%20Dios%20y%20el%20Estado.pdf

Baldwin, M. (1983). *Terapia familiar paso a paso.* México: Pax editorial.

Barnes, G. G. (1998). *Family therapy in changing times.* London: Macmillan Press .

Barro, A. (27 de marzo de 2019). EE. UU., "una economía de la ansiedad": antidepresivos para todo en el país más medicado del mundo. *El Confidenicial.* Recuperado de https://www.elconfidencial.com/mundo/2019-03-27/antidepresivos-todo-pais-mas-medicado-mundo_1904642/#:~:text=En%20la%20actualidad%2C%20unos%2015,para%20tratamientos%20a%20corto%20plazo.

Basaglia, F. (1980). *Psiquiatría o ideología de la locura.* Madrid: Anagrama.

Bastide, R. (2005). *Sociología de las enfermedades mentales.* Buenos Aires: Siglo XXI.

Bateson, G. (1991). *Pasos hacia una ecología de la mente. Una aproximación revolucionaria a la comprensión del hombre.* Buenos Aires: Planeta-Carlos Lohle.

Bateson, P., & Gluckman, P. (2011). *Plasticity, robustness, development and evolution.* Cambridge: University Press.

Bauman, Z. (2012) Ética y psicoterapia en los tiempos líquidos entrevista a Zygmunt Bauman. A cargo de Paolo Bertrando & Helga Hanks. In M. Bianciardi & F. Gálvez; *Psicoterapia como ética* (pp. 23-33). Santiago de Chile: Universidad de Chile.

Bauman, Z. (2013) *Miedo líquido: la sociedad contemporánea y sus temores.* México: Paidós.

Bauman, Z. (2016). *Vida líquida.* México: Paidós.

Beck-Gernsheim, E. (2003). *La reinvención de la familia: en busca de nuevas formas de convivencia.* Barcelona: Paidós.

Beck, U., & Beck-Gernsheim, E. (2001). El normal caos del amor: las nuevas formas de relación amorosa. Barcelona. Paidós.

Belle, D. (1982). *Lives in stress: women and depression.* Beverly Hills. CA: Sage Publication.

Berlinguer, G. (1977). *Psiquiatría y poder.* Barcelona: Gedisa.

Bernard, J. (1972). *The future of marriage.* New York: Word Publishing.

Bernardes, J. (1986). Multidimensional developmental pathways: a proposal to facilitate the conceptualisation of family diversity. *Sociological Review*, 34(3), 590–610.

Bertrando, P. (2011). *El diálogo que conmueve y transforma.* México: Editorial Pax.

Bianciardi M., & Gálvez, F. (2012). *Psicoterapia como ética: condición posmoderna y responsabilidad clínica.* Santiago de Chile: Universidad de Chile.

Blumer, H. (1982). *El interaccionismo simbólico: perspectiva y método*. Barcelona: Hora.

Boh, K. (1989). European family life patterns: a reappraisal. In K. Boh, M. Bak, C. Clason, M. Pankratova, J. Qvortrup, G. Stritta, & K. Waerness. (eds.). *Changing patterns of european family life*. London: Routledge.

Boscolo, L., & Bertrando, P. (1996). *Los tiempos del tiempo*. Barcelona: Paidós.

Boszormenyi-Nagy, I, & Spark, G.M. (2000). *Lealtades invisibles*. Buenos Aires: Amorrortu.

Botwin, A. (2019). Prozac nation. *Pikara*. Recuperado de https://www.pikaramagazine.com/2019/07/prozac-nation/

Bourdieu, P. (1991). *El sentido práctico*: Madrid: Taurus.

Bourdieu, P. (1999). *Meditaciones pascalianas*. Barcelona: Anagrama.

Bourdieu, P. (2006). *La dominación masculina*. Barcelona: Anagrama.

Bowen, M. (1989a). *La terapia familiar en la práctica clínica: volumen I, Fundamentos teóricos*. Bilbao: DDB.

Bowen, M. (1989b). *La terapia familiar en la práctica clínica: volumen II, aplicaciones*. Bilbao: DDB.

Bowen, M. (1991). *De la familia al individuo: la diferenciación del sí mismo en el sistema familiar*. Barcelona: Paidós.

Bowlby, J. (1993). *La pérdida afectiva: tristeza y depresión*. Buenos Aires: Paidós.

Brannon, L., & Feit, J. (2001). *Psicología de la salud*. México: Paraninfo Thomson Learning.

Brown, W. (2121). *En las ruinas del neoliberalismo: el ascenso de las políticas antidemocráticas en occidente*. Madrid: Traficantes de sueños, Futuro Anterior y Tinta Limón.

Bruner, J. (1991). *Actos de significado: más allá de la revolución cognitiva*. Madrid: Alianza.

Bubnova, T. (2006). Voz, sentido y diálogo en Bajtín. *Acta poética,* 27(1), 97-114. Recuperado de http://www.scielo.org.mx/scielo.php?script=sci_arttext&pid=S0185-30822006000100006&lng=es&tlng=es.

Butler, J. (2017). *Deshacer el género*. Barcelona: Paidós Studios 167.

Cabanas, E., & Illouz, E. (2019). *Reseña happycracia: cómo la ciencia y la industria de la felicidad controlan nuestras vidas*. Barcelona: Paidós.

Cecchin, G., Lane, G., & Ray, W. A. (2011). *Irreverencia: una estrategia de supervivencia para terapeutas.* Barcelona: Paidós.

Celnikier, F. (2007). Epigenética por Fabio Celnikier: un hombre holográfico en el mundo multidimensional. *Epigenetica.org.* Recuperado de http://www.epigenetica.org.

CEPAL. (1994). *Familia y futuro: un programa regional en América Latina y el Caribe*. Santiago de Chile: ONU.

Cicerchia, R. (1998). Sensatez y sentimiento: la historia cultural de la familia y la construcción social del género. In R. Cicerchia, *Formas familiares, proceso histórico y cambio social en Latino América* (pp .249-259). Quito: Docuthe.

Cirillo, S., Selvini, M., & Sorrentino, A.M. (2004). *La terapia familiar en los servicios psiquiátricos.* Barcelona: Paidós.

Comisión Mexicana de Defensa y Promoción de los Derechos Humanos. (2017). *Desplazamiento interno forzado. Cifras 2017*. Recuperado de http://cmdpdh.org/temas/desplazamiento-interno-forzado-cifras-2017/

Cooley, C.H. (1922) *Human nature in the social order.* Nueva York, Scribner.

Corsi, J. (2006). *Psicoterapia integrativa multidimensional*. Buenos Aires: Paidós.

Crozier, M., & Friedberg, E. (1990). *El actor y el sistema: las restricciones de la acción colectiva.* Madrid: Alianza.

Cussiánovich, A. (2007). *Aprender la condición humana: ensayo sobre la pedagogía de la ternura.* Lima: IFEJANT.

Cyrulnik, B. (2002). *Los patitos feos*. Barcelona: Gedisa.

Cyrulnik, B. (2004). La construcción de la resiliencia en el transcurso de las relaciones precoces. In B. Cyrulnik, S. Tomkiewicz, T. Guénard, S. Vanistendael, M. Manciaux y otros. *El realismo de la esperanza* (pp.17-32). Barcelona: Gedisa.

Cyrulnik, B. (2005). *El amor que cura*. Barcelona: Gedisa.

Cyrulnik, B. (2016). ¿Por qué la resiliencia? In B. Cyrulnik, & M. Anaut, *¿Por qué la resiliencia?: lo que nos permite reanudar la vida* (pp.13-28). Barcelona: Gedisa.

Cheal, D. (1991). *Family and the state of theory*. Toronto: University of Toronto Press.

Chevallier, S., & Chauviré, C. (2011). *Diccionario Bourdieu*. Buenos Aires: Ediciones Nueva Visión.

Davis, M. E. (1998). *The fragmenting family: does it matter?* London: IEA.

De Benito, E. (03 diciembre 2020). La crisis del coronavirus: el consumo de medicamentos para ansiedad, depresión y problemas de sueño subió un 4% durante la primera ola. *El País*. Recuperado de https://elpais.com/sociedad/2020-12-03/el-consumo-de-medicamentos-para-ansiedad-depresion-y-problemas-de-sueno-subio-un-4-durante-la-primera-ola.html

Delage, M. (2010). *La resiliencia familiar, el nicho familiar y la superación de las heridas*. Barcelona: Gedisa.

El Economista (20 de marzo de 2020). Finlandia es el país más feliz del mundo; México ocupa el puesto 24. *El Economista*. Recuperado de https://www.eleconomista.com.mx/internacionales/Finlandia-es-el-pais-mas-feliz-del-mundo-Mexico-ocupa-el-puesto-24-20200320-0058.html

Eldredge, N. (2009). *Darwin: el descubrimiento del árbol de la vida*. Madrid: Katz Editores.

Elizur, J., & Minuchin, S. (1991). *La locura y las instituciones: familia, terapia y sociedad*. Buenos Aires: Gedisa.

Endara, G. (2018). *¿Qué hacemos con la(s) nuevas masculinida(des)?: reflexiones antipatriarcales para pasar del privilegio al cuidado*. Quito: Friedrich-Ebert-Stiftung (FES-ILDIS).

Erikson, E. H. (1989). *Sociedad y adolescencia*. México: Siglo XXI.

Falicov, C. J. (2008). El trabajo con inmigrantes transnacionales: expandiendo los significados de familia, comunidad y cultura. *Redes, (*20), 25-42.

Falicov, C. J. (2011). La cultura en la terapia familiar: nuevas variantes de un tema fundamental. *Redes, (*25), 43-68.

Fernández, P. (1999). *La afectividad colectiva*. México: Taurus.

Foerster, H. (1991). *Las semillas de la cibernética*. Barcelona: Gedisa.

Foucault, M. (1986). *Historia de la locura en la época clásica I*. México: Fondo de Cultura Económica.

Foucault, M. (1991). *El sujeto y el poder*. Bogotá: Ediciones Carpe Diem.

Foucault, M. (2012). *El poder, una bestia magnífica: sobre el poder, la prisión y la vida*. Argentina: Siglo XXI Editores.

Foucault, M. (2018). *¿Qué es la crítica?* Argentina: Siglo Veintiuno Editores.

Foucault, M. (2020). El sujeto y el poder. *Bloghemia*. Recuperado de https://www.bloghemia.com/2020/11/el-sujeto-y-el-poder-por-michel-foucault.html?m=1.

Freire, P. (1970). *Pedagogía del oprimido*. México: Siglo XXI.

Freire, P. (1971). *La educación como práctica de la libertad*. Montevideo: Tierra Nueva

Fraser, S. (2003). *Cosmetic surgery, gender and culture*. New York: Palgrave Macmillan.

Fried-Schnitman, D. (1994). *Nuevos paradigmas, cultura y subjetividad*. Buenos Aires: Paidós.

Gallastegui, S. (28 de mayo de 2021). La dignidad humana explicada al futuro. *Ethic.* Recuperado de https://ethic.es/2021/05/la-dignidad-humana-explicada-al-futuro/.

García, A. (2006). La familia en la comunidad gitana. In M. Laparra. *Situación social y tendencias de cambio en la comunidad gitana* (pp. 25-43). Pamplona: Universidad Pública de Navarra.

García, O., & Waldemar, J. O. (2019). Cuidado sistémico de la salud en/de las escuelas públicas: una experiencia sur-brasileña. In R. Medina, E. Laso, & E. Hernández. *El Modelo Sistémico ante el malestar contemporáneo: psicoterapia relacional e intervenciones sociales* (pp. 445-460). Madrid: Morata.

Garfinkel, H. (1967). *Studies in ethnomethodology*. Englewood Cliffs: Prentice Hall.

Gergen, K. (1997). *El yo saturado: dilemas de identidad en el mundo contemporáneo.* Primera edición. Barcelona: Paidós.

Gergen, K. (2005). La construcción social: emergencia y potencial. In M. Pakman (Comp.) *Construcciones de la experiencia humana.* Vol. I (pp. 139-182). Barcelona: Gedisa.

Giddens, A. (1991). *Sociología general.* Madrid: Alianza Universidad.

Gil, A. M. (2015). Redes sociales en el trabajo social: apuntes para la praxis profesional. *Revista Eleuthera,* 12, 181-196. DOI: 10.17151/eleu.2015.12.10, p. 184.

Gissi, J. (1994). Hacia una psicología en, de y para América Latina. *Revista Suplementos: Historia Crítica y Actual de la Psicología Social Latinoamericana.* Anthropos, 44, 28-29.

Gisis, S., & Jablonka, E. (2011). Introduction: the exclusion of soft ('Lamarckian'): *inheritance from the modern synthesis.* DOI - 10.7551/mitpress/9780262015141.003.0010.

Goffman, E. (1981). *La representación de la persona en la vida cotidiana.* Madrid: Amorrortu-Murgia.

Goffman, E. (1987). *Gender advertisements*. Nueva York: Harper & Row.

Goffman, E. (1995). *Estigma: la identidad deteriorada.* Buenos Aires: Amorrortu.

González, H., & Pérez, M. (2007). *La invención de los trastornos mentales: ¿escuchando al fármaco o al paciente?* Alianza Editorial.

Goleman, D. (1995). *La inteligencia emocional.* México: Ed. Javier Vergara/ Grupo Z.

Gubrium, J. F., & Holstein, J. A. (1990). *What is a family?* Mountain View, CA: Mayfield.

Guattari, F., & Rolnik, S. (2006). *Micropolítica: cartografías del deseo.* Madrid: Editorial Fabricantes de deseos.

Gutiérrez, M. L. (2019). Reseña del libro Cambios modestos, grandes revoluciones. Terapia Familiar Crítica. Segunda Edición de Raúl Medina. *Carta Económica Regional,* 32(124), 211-216.

Habermas, J. (1990). *Pensamiento posmetafísico.* Madrid: Taurus.

Haley, J. (1980). *Terapia no convencional: las técnicas psiquiátricas de Milton H. Erickson.* Buenos Aires: Amorrortu.

Haley, J. (1985). *Terapia para resolver problemas.* Buenos Aires: Amorrortu.

Han, B. C. (2016). *Sobre el poder.* Barcelona: Herder.

Han, B. C. (2017). *La expulsión de lo distinto.* Barcelona: Herder.

Harré, R. (1982). *El ser social: una teoría para la psicología social.* Madrid: Alianza.

Harré, R. (1986). *Varieties of realism.* Oxford: Blackwell.

Harré, R. (1989). La construcción social de la mente: la relación íntima entre el lenguaje y la interacción social. In T. Ibánez (ed.) *El conocimiento de la realidad social.* Barcelona: Sandi.

Harré, R., & Lamb, R. (1992). *Diccionario de psicología social y de la personalidad.* Barcelona: Paidós.

Hattery, A. J., & Smith, E. (2020) *The social dynamics of family violence.* New York: Routledge.

Hessel, S. (2018). *¡Indignaos!* Recuperado de https://www.euroxpress.es/doc/__INDIGNAOS_.pdf.

Hill, R. (1966). Contemporany developments in family theory. *Journal of Marriage and Family*, Maryland: University of Maryland.

Hochschild, A.R. (1975). The sociology of feeling and emotion: selected possibilities. In A.R. Hochschild. *The commercialization of intimate life: notes from home and work* (pp. 75-86). Berkeley: University of California Press.

Hochschild, A.R. (1979). Emotion work, feeling rules, and social structure. In A.R. Hochschild. *The commercialization of intimate life: notes from home and work* (pp. 87-103). Berkeley: University of California Press.

Hochschild, A.R. (1983). *The managed heart.* Baskerville: University of California Press.

Hochschild, A.R. (1998). Sociology of emotion as a way of seeing. In G. Bendelow, G., Williams, S. J. (Ed.). *Emotions in social life: critical themes and contemporary issues* (pp. 3-15). New York: Routledge.

Hochschild, A. R., & Machung, A. (1989). *The second shift: working parents and the revolution at home.* New York: Viking Penguin.

Hoffman, L. (1990). *Fundamentos de la terapia familiar.* México: Fondo de Cultura Económica.

Honneth, A. (2016). *Patologías de la libertad.* Buenos Aires: Las cuarenta.

Huntter, M. (1981). *The changing family: comparative perspectives.* New York: Wiley.

Huxley, A. (2018). *Obras maestras.* México: Editores Mexicanos Unidos.

Ibáñez, T. (ed.) (1989). *El conocimiento de la realidad social.* Barcelona: Sendai.

Ibáñez, T. (1994). *Psicología social construccionista.* México: Universidad de Guadalajara.

Ibáñez, T. (2001). *Municiones para disidentes: realidad-verdad-política.* Barcelona: Gedisa.

Inclán, J. (2019). Contribuciones al modelo sistémico: modelo ecológico Robert Clemente para familias inmigrantes. In R. Medina, E. Laso, & E. Hernández. *El modelo sistémico ante el malestar contemporáneo: psicoterapia relacional e intervenciones sociales* (pp. 59-84), Madrid: Morata.

Jablonka, E., & Lamb, M.J. (2005). *Evolución en cuatro dimensiones: variación genética, epigenética, conductual y simbólica en la historia de la vida.* MIT Press.

Keller, E. F. (2010). *The mirage of a space between nature and nurture.* Durham: Duke University Press.

Kuhn, T. (1971). *La estructura de las revoluciones científicas.* México: Fondo de Cultura Económica.

Lagarde, M. (1992). Enemistad y sororidad: hacia una nueva cultura feminista. *Isis Internacional,* Ediciones de las Mujeres (17), 55-81.

Lagarde, M. (2020). *Claves feministas para la autoestima.* México: Siglo XXI.

Laing, R. D. (1992). *El yo dividido.* México: Fondo de Cultura Económica.

Laing, R. D., & Cooper, D. G. (1973). *Razón y violencia.* Buenos Aires: Paidós.

Laing, R. D., & Esterson, A. (1980). *Cordura, locura y familia.* México: Fondo de Cultura Económica.

Laso Ortiz, E. (2015). Cinco axiomas de la emoción humana: una clave emocional para la terapia familiar. *Revista de Psicoterapia,* 26 (100), 143-158.

Laso Ortiz, E. (2018). El amor en clave emocional. *Redes,* 37, 11-35.

Laso, E., & Canevaro, A. (2022) *Terapia experiencial profunda.* Madrid: Morata.

Leeder, E. (2004). *La familia en perspectiva global.* Thousand Oak: Sage.

Lehr, U., & Thomae, H. (1994) *La vida cotidiana.* Barcelona: Herder.

Lewis, O. (1997). *Antropología de la pobreza: cinco familias.* México: Fondo de Cultura Económica.

Linares, J. L. (1996). *Identidad y narrativa*: La terapia familiar en la práctica clínica. Barcelona: Paidós.

Linares, J. L. (2002a). *Del abuso y otros desmanes*. Barcelona: Paidós.

Linares, J. L. (mayo de 2002b). ¿Acaba la historia en el postmodernismo?: *hacia una terapia familiar ultramoderna*. Conferencia pronunciada en el Simposio del Instituto de la Familia A.C., Puebla, México.

Linares, J. L. (2012). *Terapia familiar ultramoderna: la inteligencia terapéutica*. Barcelona, España: Herder.

Linares, J. L. (2013). Pasos para una psicopatología relacional. *Revista Mexicana de Investigación en Psicología*, 5 (2), 119-146.

Linares, J. L., & Campo, C. (2016). *Tras la honorable fachada*. Barcelona: Paidós.

Linares, J. L., & Colapinto, J. (2021). *Historias para no dormir: el maltrato institucional en la atención al menor*. Barcelona: Editorial Gedisa.

Linares, J. L., Pubill, M. J., & Ramos, R. (2005). *Las cartas terapéuticas: una técnica narrativa en terapia familiar*. Madrid: Herder.

Lipovetsky, G. (2006). *La felicidad paradójica*. Barcelona: Anagrama.

Luhmann, N. (1995). *Poder*. México: Universidad Iberoamericana, Anthropos.

Luhmann, N. (1997). *Organización y decisión: autopoiésis, acción y entendimiento comunicativo*. Madrid: Universidad Iberoamericana y Anthropos.

Luria, A. R. (1995). *Conciencia y lenguaje*. Madrid: Visor-Aprendizaje.

Macías-Esparza, L. K., & Laso, E. (2017) Una propuesta para abordar la doble ceguera: la terapia familia crítica sensible al género. *Revista de Psicoterapia*, 28 (106), 129-148.

Madsen, W.C. (2007) *Collaborative therapy with multi-stressed families*. Nueva York, The Guilford Press.

Maldonado, I. (1996). Corriente narrativa y conceptos interrelacionados en terapia familiar: evaluación crítica. *Revista Universidad de Guadalajara, (*4), 39-44.

Mancini, F. (2016). *Debate Feminista: lo emocional como político.* Reseña del libro. La política cultural de las emociones de Sara Ahmed. Ciudad de México: Programa Universitario de Estudios de Género de la UNAM. México. Recuperado de http://www.debatefeminista.cieg.unam.mx/wp-content/uploads/2016/03/articulos/051_07.pdf

Manfrida G. (2015). *La narrazione psicoterapeutica: invenzione, persuasione e tecniche retoriche in terapia relazionale.* Milano: Franco Angeli.

Manfrida, G., & Albertini, V. (2017). La última palabra, entre autoridad y responsabilidad terapéutica: la devolución según el modelo narrativo de las realidades compartidas. *Redes 36,* 171-182. Recuperado de www.redesdigital.com.mx.

Manrique, R. (1994). *La psicoterapia como conversación crítica.* Madrid: Libertarias/Prodhufi.

Marcuse, H. (1984). *El hombre unidimensional.* México: Editorial Planeta.

Margulis, L. (1998). *Symbiotic planet: a new look at evolution.* London: Weidenfeld & Nicholson.

Martín-Baró, I. (1995). *Acción e ideología.* San Salvador: UCA.

Martín-Baró, I. (1998). *Psicología de la liberación.* España: Editorial Trotta.

Martínez, A., & Medina, O. (2021). Resiliencia y cultura terapéutica en tiempos neoliberales: una exploración de discursos de autoayuda. *Quaderns de Psicologia*, 23 (1), e1808. Doi: https://doi.org/10.5565/rev/qpsicologia.1808.

Martuccelli, Danilo. (2019). Variantes del individualismo. *Estudios sociológicos*, *37*(109), 7-37. https://doi.org/10.24201/es.2019v37n109.1732.

Mascolo, M. F. (2013). Developing through relationships: a coactive systems framework. Embodiment and epigenesis: theoretical and methodological issues in understanding the role of biology within the relational developmental systems - Part B. *Ontogenetic Dimensions*, 185-225.

Maturana, H. (1997). *Emociones y lenguaje en educación y política.* Chile: Dolmen y Granica.

Maturana, H., & Varela, F. (1990). *El árbol del conocimiento*. Madrid: Editorial Debate.

Maureira, F. (2011). Los cuatro componentes de la relación de pareja. *Revista Electrónica de Psicología Iztacala, 14*(1), 321-332. Recuperado el 20 de mayo del 2020 de http://www.iztacala.unam.mx/carreras/psicologia/psiclin/vol14num1/Vol14No1Art18.pdf.

McDowell, T., Knudson-Martin, C., & Bermudez, J. M. (2018). *Socioculturally attuned family therapy: guidelines for equitable theory and practice*. New York: Routledge/Taylor & Francis. https://doi.org/10.1007/978-3-319- 15877-8.

McDowel, T., Knudson-Martin, C., & Bermudez, J. (2019). Third-order thinking in family therapy: addressing social justice across family therapy practice. *Family Process*. 58(1), 9-22. doi:10.1111/famp.12383

Mead, G.H. (1972). *Espiritu, persona y sociedad*. Buenos Aires: Paidós.

Medina, R. (2013). El diagnóstico psicopatológico como marco social organizado: ontología y epistemología. *Revista Mexicana de Investigación en Psicología*. 5 (2), 167-174.

Medina, R. (2014). Introduction to critical family therapy. *Journal of Systemic Therapies*. 33 (3), 50-68.

Medina, R. (2018a). *Cambios modestos, grandes revoluciones: terapia familiar crítica*. Segunda Edición. México: Imagia.

Medina, R. (2018b). Intercontextos de la 'depresión' infantil. *Revista Brasileira de Terapia Familiar*. 7 (1), 90-111.

Medina, R. (2019). Deconstruyendo el 'sí mismo farsante' y el 'sí mismo autocompasivo': nuevos aportes de la terapia familiar crítica. In Medina, R., Laso, E., & Hernández, E. *El modelo sistémico ante el malestar contemporáneo* (pp. 29-58). Madrid: Ediciones Morata.

Medina, R. (2020). El impacto de la política laboral y la guerra contra el narcotráfico en la familia: el malestar psicológico infantil en México. *Carta Económica Regional*. 33 (126), 81-106.

Medina, R. (2021). Terapia familiar de tercer orden: cómo enfrentar el maltrato institucional desde el amor indignado. In J. L. Linares, & J. Colapinto, J. *Historias para no dormir: el maltrato institucional en la atención al menor* (pp. 199-236). Barcelona: Gedisa.

Medina, R. (2022). Introducción a la terapia de tercer orden: exorcizar la psicopatología desde la conciencia inter-sistémica. M*osaico 82,* 8-30.

Medina, R. (2023). Pedagogy of the great pandemic of the 21st century: epistemic implications for individual psychology, family science, and psychotherapies. *Journal of Family Theory & Review*; 1–10 DOI: 10.1111/jftr.12540

Medina, R., Vargas, E., Castro, R., & Domínguez, R. (2021). La identificación empática sistémica entre adolescentes "antisociales": la terapia familiar crítica como modelo de intervención. *Pensando Famílias*, 25(1), jun. 2021, (41-56).

Medina, R., Méndez-Espina, S., Llosa, J. A., & Agulló, E. (2024). Presentation of the multidimensional couple: socioemocional impact scale. *Interacciones,* 10, e383. https://dx.doi.org/1024016/2014v10 383.

Méndez, T., & Reynoso, O. (2015). *Narrativas de mujeres transformadoras sociales: narrativas de la memoria.* Madrid: Editorial Académica Española.

Michel, G. F., Campbell, J. M., Marcinowski, E.C., Nelson, E. L., & Babik, I. (2016). Preferencia de manos de los bebés y desarrollo de habilidades cognitivas. *Frontiers in Psychology*, 7, artículo 410. https://doi.org/10.3389/fpsyg.2016.00410.

Middleton, D., & Edwards, D. (eds.) (1990). *Collective remembering*. London: Sage.

Minuchin, P. Colapinto, J., & Minuchin, S. (2000). *Pobreza, institución y familia.* Buenos Aires: Amorrortu.

Morales, R., & Gálvez, F. (2012) Ética de la responsabilidad en psicoterapia desde una aproximación posmoderna. In M. Bianciardi & F. Gálvez. *Psicoterapia como ética.* (pp. 35-57). Santiago de Chile: Universidad de Chile.

Murdock, G. P. (1949). *Social structure*. New York: Free Press.

Napier, A., & Whitaker, C. (1982). *El crisol de la familia*. Buenos Aires: Amorrortu.

Neill, J. R., & Kniskern, D. P. (1982). *De la psique al sistema: la terapia que evoluciona de Carl Whitaker*. Buenos Aires: Amorrortu.

Newman, F. and Holzman, L. (1993) *Lev Vygotsky revolutionary scientist*. London: Routledge.

OECD. (2011). How's Life?: measuring well-being. OECD *Publishing*. http://dx.doi.org/10.1787/9789264121164-en Recuperado de https://unstats.un.org/unsd/broaderprogress/pdf/How's%20life%20-%20Measuring%20well-being.pdf.

Pakman, M. (2011). *Palabras que permanecen, palabras por venir: micropolítica y poética en psicoterapia*. Barcelona: Gedisa.

Pakman, M. (2014). *Texturas de la imaginación: más allá de la ciencia empírica y del giro lingüístico*. Barcelona: Gedisa.

Pakman, M. (2018). *El sentido de lo justo: para una ética del cambio, el cuerpo y la presencia*. Barcelona: Gedisa.

Pakman, M. (2020a). Un giro crítico-poético para la práctica sistémica. *Redes*, 42, 19-23.

Pakman, M. (2020b). A *flor de piel: pensar la pandemia*. Barcelona: Gedisa.

Parker, I. (1999). *Desconstructing psychotherapy*. London: SAGE.

Parsons, T. (1943). The kinship system of the contemporary United States. *American Anthropologist*, 45, 22-38.

Parsons, T. (1949). La estructura social de la familia. In R. Anshen (Ed.), *The family: its function and destiny* (pp. 33-58). New York: Harper.

Parsons, T. (1971). The normal american family. In B. Adams & Weirath (Eds.). *Reading on sociology of the family* (pp. 240-255). Chicago: Markham.

Pérez, M. (2012). *Las raíces de la psicopatología moderna*. Madrid: Pirámide.

Pérez, M. (2014). *Las terapias de tercera generación como terapias contextuales*. Madrid: Editorial Síntesis.

Pérez,V. (2020). *La dictadura del coaching*. Madrid: Herder.

Pla, M. M. (2015). *La coparentalidad: el rol que desempeña en la aparición de problemas de conducta en la adolescencia* (tesis doctoral). Universidad Pontificia de Comillas. Madrid, España.

PNUD. (2000). *Desarrollo humano en Chile: más sociedad para gobernar el futuro*. Santiago: Programa de Naciones Unidas para el Desarrollo.

Polanco, M. (2016). La infidelidad al machismo a la búsqueda de sueños de restitución moral. In A. M. Estrada & C. Buitrago. *Recursos psicosociales para el postconflicto* (pp. 169-197). Ohio: A Taos Institute Publication.

Popenoe, D. (1988). *Disturbing the nest: family change and declaine in modern societies*. New York: Aldine de Gruyter.

Popenoe, D. (1993). American family decline, 1960-1990: a review and appraisal. *Journal of Marriage and the Family*, 55, 527-541.

Popper, K. (1983). *Conjeturas y refutaciones: el desarrollo del conocimiento científico*. Barcelona: Paidós

Ramos, M. G. (2015). *Estudio de feminicidio en Jalisco*. México: StaUdeG. Letras Académicas.

Ramos, R. (2001a). *Narrativas contadas, narraciones vividas: un enfoque sistémico de la terapia narrativa*. Barcelona: Paidós.

Ramos, R. (2001b). La escucha narrativa: el terapeuta lector. *Redes*, 7, 75-88.

Ramos, R. (2002). De la demanda a la alarma: para una revisión del construccionismo conversacional. *Redes,* 10, 71-84.

Ramos, R. (2007). El caso que nunca existió: análisis narrativo de una derivación frustrada. *De Familias y Terapias*, 15(24) 21-33.

Ramos, R. (2008). *Temas para conversar*. Barcelona: Gedisa.

Ramos, R. (2015). *Terapia Narrativa para familias multiproblemáticas*. Madrid: Ediciones Morata.

Ramos, R. (2021). ¿De qué informan los informes?: buscando cooperación en la delegación. *Redes,* 43, 11-20.

Ramos, R., Aljende, L., & García, C. (2015). La coordinación narrativa: expandiendo el trabajo con la familia por la familia. *Redes*, 32, 105-116.

Raphael, R. (2011). *El México indignado*. México: Destino.

Redacción web. (2019). Las injusticias sociales son una fuente de trastornos mentales, advierte la ONU. *Tiempo.* Recuperado de https://tiempo.hn/las-injusticias-sociales-son-una-fuente-de-trastornos-mentales/.

Rivière, A. (1988). *La psicología de Vygotsky*. Madrid: Aprendizaje-Visor.

Robledo, M. A. (2003). Economía del cuidado: del reconocimiento a la retribución. *Retos de la política pública*. Recuperado de http://www.dane.gov.co/files/noticias/uso_tiempo_angela_robledo.pdf.

Robles, M. N. (2008). *Factibilidad del pago al trabajo doméstico en México por sus beneficiarios directos* (tesis doctoral). Universidad de Oviedo, España.

Rodríguez, J. (2011). Resistencia a los antibióticos: la evolución en acción. *Dendra Médica. Revista de Humanidades*, 10 (1), 56-64.

Roll, A.P., Mira, E. Idárraga, L., & Cárdenas, M. (2017). Noción del diálogo en la terapia comunitaria. *Revista Universidad Católica Luis Amigo*. Recuperado de http://www.funlam.edu.co/revistas/index.php/RULuisAmigo/article/view/2658.

Román, J., Tomicic, A., & Avendaño, C. (2007). Solidaridad como problema. *MAD*, (2), 151-183. doi:10.5354/0718-0527.2013.28430

Rosenthal, R. (1976). *The experiment efects in behavioral research*. Bradford Books of Mit Press.

Rubio, J. L., & Puig G. (2015). *Tutores de resiliencia: dame un punto de apoyo y moveré mi mundo*. Barcelona: Gedisa.

Salgado, A. (2005). Métodos e instrumentos para medir la resiliencia: una alternativa peruana. *Liberabit*, 11 (11), 41-48. Recuperado de http://pepsic.bvsalud.org/scielo.php?script=sci_arttext&pid=S1729-48272005000100006&lng=pt&tlng=es.

Salles,V. (1993). Hogares de la frontera. *Nueva Antropología*, 46, 33-46.

Sampedro, J. L. (2018). Prólogo. In S. Hessel. *¡Indignaos!* Recuperado de https://www.euroxpress.es/doc/__INDIGNAOS_.pdf

San-Román, T. (1997). *La diferencia inquietante: viejas y nuevas estrategias culturales de los gitanos*. Siglo XXI de España Editores.

Santano, L., & García-Jiménez, M. (23 de diciembre de 2019). Los peligros del pensamiento positivo: ni las sonrisas curan, no estar feliz es un tratamiento. *El Periódico*. Recuperado de https://www.elperiodico.com/es/ciencia/20190201/peligro-psicologia-positiva-sonrisa-no-cura-7252476.

Santiago, T. (2018) Repensar la injusticia: una aproximación filosófica. *Isonomía versión impresa*. ISSN 1405-0218, Isonomía n° 49 México oct. 2018).

Santiago, C., Wadsworth, M., & Stump, J. (2011). Socioeconomic status, neighborhood disadvantage, and poverty-related stress: prospective effects on psychological syndromes among diverse low-income families. *Journal of Economic Psychology* (32), 218–230.

Santillana, A. (2005). El poder y sus expresiones. A*ndamios*. 1(2). Recuperado de http://www.scielo.org.mx/scielo.php?script=sci_arttext&pid=S1870-00632005000300010.

Satir, V. (1986). *Psicoterapia familiar conjunta*. México: La Prensa Médica Mexicana.

Satir,V. (1988). *En contacto intimo: como relacionarse consigo mismo y con los demás*. México: Árbol Editorial.

Satir,V. (1996). *Vivir para amar*. México: Pax.

Satir,V. (2002). *Nuevas relaciones humanas en el núcleo familiar*. México: Editorial Pax.

Segalen, M. (1988). *Sociologie de la famille.* París: Armand Colin.

Seikkula, J., & Arnkil, T. E. (2016). *Diálogos terapéuticos en la red social.* Barcelona: Herder.

Seikkula, J., & Olson, M. (2003). The open dialogue approach to acute psychosis: its poetics and micropolitics. *Family Process, 42,* 403-418.

Selvini, M., Boscolo, L., Cecchin, G., & Prata, G. (1980). Hypothesizing-circularity-neutrality. *Family Process* 19, 3-12.

Sennett, R. (2012). *Juntos: rituales, placeres y política de cooperación.* Barcelona: Anagrama.

Serrano, P. C. (2019). Capitalismo de vigilancia, el nuevo mundo feliz en el que el producto eres tú (y prefieres no saberlo). *El Economista.es.* Recuperado de https://www.eleconomista.es/economia/noticias/9924888/06/19/Capitalismo-de-vigilancia-el-nuevo-mundo-feliz-en-el-que-el-producto-eres-tu-y-no-lo-sabes.html.

Shotter, J. (1989). El papel de lo imaginario en la construcción de la vida social. In T. Ibáñez (ed.). *El conocimiento de la realidad social* (pp. 135-156). Barcelona: Sandai.

Shuare, M. (2010). Vygotsky y Bajtín: historicidad y diálogo. *Psicologia em Estudo.* Maringá 15(3), 441-455.

Sluzki, C. (1994). Violencia familiar y violencia política. Implicaciones terapéuticas de un modelo general. In D.F. Schnitman, *Nuevos paradigmas, cultura y subjetividad* (pp. 351-370). Buenos Aires: Paidós.

Sluzki, C. (1998). *La red social: frontera de la práctica sistémica.* México: Gedisa.

Smith, A. (2010). *Teoría de los sentimientos morales.* México: Fondo de Cultura Económica.

Smith, D. E. (1993). The standard north american family. *Journal of Family Issues,* 14, 50-65.

Spears, R. (1997). Introduction. In T. Ibáñez & L. Íñiguez (eds.) *Critical social psychology* (pp. 1-26). London: Sage.

Spears, R., Doosje, B., & Ellemers, N. (1997). Self-stereotyping in the fase of threats to group status and distinctiveness: The role of group identification. *Personality and Social Psychilogy Bulletin*. 23, 538-553.

Speck, R., & Attneave, C. L. (2000). *Redes familiares.* Buenos Aires: Amorrortu.

Stacey, J. (1990). *Brave new families: stories of domestic upheaval in late twentieth century America*. New York: Basic Books.

Stacey, J. (1993). Good riddance to the family: a response to David Popenoe. *Journal of Marriage and the Family*, 55 (3), 545-547.

Stephens, W. (1963). *The family in cross-cultural perspective*. New York: Holt, Rinehart and Winston.

Stromquist, N.P. (1998). *Women in the third world: an encyclopedia of contemporary issues*. London: Routledge.

Superior Health Council. (2019). *DSM (5): The use and status of diagnosis and classification of mental health problem*. Recuperado de https://www.health.belgium.be/en/advisory-9360dsm.

Sutter, C. Ferro, J. S., & Da Silva, J. (2015). *Família e vulnerabilidade social: pesquisas e intervenções.* Curitiba: Appris.

Szasz, T. (1982). *El mito de la enfermedad mental*. Buenos Aires: Amorrortu.

Tenorio, N. (2010). ¿Qué tan modernos somos?: el amor y la relación de pareja en el México contemporáneo. *Ciencias*, (99), 38-49.

Thorne, B. (1992). Feminism and the family: two decades of thought. In B. Thorne & M. Yalom (eds.). *Rethinking the family.* Boston: North-Eastern University Press.

Tomkiewicz, S. (2004). El surgimiento del concepto. In B. Cyrulnik, S. Tomkiewicz, T. Guénard, S. Vanistendael, M. Manciaux y otros. *El realismo de la esperanza* (pp. 33-50). Barcelona: Gedisa.

Valenzuela, L. M. (2016). La salud desde una perspectiva integral. *Revista Universitaria de la Educación Física y el Deporte*. 9 (9), 50-59. Recuperado de http://www.revistasiuacj.edu.uy/index.php/rev1/article/view/103

Vázquez, R. (2017). Educación y meritocracia. In J. Cerdio, P. de Larrañaga & P. Salazar (coord.). *Entre la libertad y la igualdad: ensayos críticos sobre la obra de Rodolfo Vázquez*, tomo II. (pp. 425-439). México, UNAM-IIJ-ITAM.

Vélez, F. (2018). ¿Meritocracia? ¿Para quiénes? *Isonomía* (48), 147-167. Recuperado de http://www.scielo.org.mx/scielo.php?script=sci_arttext&pid=S1405-02182018000100147&lng=es&tlng=es.

Vygotsky, L. S. (2010). *Teoría de las emociones: estudio histórico-psicológico*. Madrid: Akal.

Vygotsky, L. S. (1982). *Obras escogidas II*. Madrid: Aprendizaje Visor.

Vygotsky, L. S. (1987). *Pensamiento y lenguaje: teoría del funcionamiento cultural de las funciones psíquicas*. Buenos Aires: La Pléyade.

Vygotsky, L. S. (1989). *El desarrollo de los procesos psicológicos superiores*. Barcelona: Grijalbo.

Vygotsky, L. S. (1991). *Obras Escogidas I*. Madrid: Visor aprendizaje Ministerio de Educación y Ciencia.

Wakefield, J. (1992). The concept of mental disorder: on the boundary between biological facts and social values. *AM Psychol*. 47 (3), 373–388

Walters, M., Carter, B., Papp, P., & Silverstein, O. (1991). *La red invisible: pautas vinculadas al género en las relaciones familiares*. Barcelona: Paidos.

Watzlawick, P., Beavin, J., & Jackson, D. (1997). *Teoría de la comunicación humana*. Barcelona: Herder.

Watzlawick, P., Weakland, J.H., & Fish, R. (1976). *Cambio*. Barcelona: Herder.

Weeks, J., Heaphy, B., & Donovan, C. (1999). Partners by choice: equality, power and commitment in non-heterosexual relationships. In G. Allan, *Sociology of the family*. Oxford: Blackwell.

Weir, K. (2012). How much of mental illness can the biology of the brain explain? In *The roots of mental illness*, 43 (6). Print version: page 30. Recuperado de https://www.apa.org/monitor/2012/06/roots.

Werner, E., & Smith, R. (1982). *Vulnerable but invincible: a longitudinal study of resilient and children and youth*. New York: McGraw-Hill.

West-Eberhard, M. (2003). *Developmental plasticity and evolution*. Oxford: Oxford University Press.

Whitaker, C. (1991). *Danzando con la familia: una experiencia simbólica*. Barcelona: Paidós.

Whitaker, C. (1992). *Meditaciones nocturnas de un terapeuta familiar*. Barcelona: Paidós.

White, H. (2002). *Reescribir la vida*. Barcelona: Gedisa.

White, H. (2003). *El texto histórico como artefacto literario*. Barcelona: Paidós.

White, M., & Epston, D. (1993). M*edios narrativos paro fines terapéuticos*. Barcelona: Paidós.

Wittgenstein, L. (1988). *Investigaciones filosóficas*. México-Barcelona: UNAM-Grijalbo.

Young, M., & Willmott, P. (1974). *The symmetrical family*. New York: Pantheon.

Zúñiga, M. E. (2009). *La 'casa chica' en Chiapas: una aproximación antropológica* (tesis doctoral). Universidad de Salamanca, España.

Anotações

Construindo ideias
e conectando mentes